# Atlas de la Chine

***Les mutations accélérées***

Thierry Sanjuan
Cartographie de Madeleine Benoit-Guyod

**Éditions Autrement**
**Collection Atlas/Monde**

## Auteur

**Thierry Sanjuan** est géographe et sinologue, professeur à l'Université Paris I. Il coordonne de nombreux travaux de recherche sur la Chine urbaine et sociale, économique, géopolitique. Dernière publication : il a dirigé en 2006 le *Dictionnaire de la Chine contemporaine* chez Armand Colin.

## Cartes et infographies

**Madeleine Benoit-Guyod** est cartographe-géographe, elle collabore régulièrement à la collection « Atlas » chez Autrement et au magazine Géo.



## Maquette

Conception et réalisation : EDIRE

## Éditions Autrement

Direction : Henry Dougier
Coordination éditoriale :
Laure Flavigny • Marie-Pierre Lajot
Lecture-correction :
David Mac Dougall
Fabrication : Bernadette Mercier
Communication et presse :
Doris Audoux
Direction commerciale :
Anne-Marie Bellard

## Remerciements

Les Éditions Autrement remercient Michel Hagnerelle, doyen de l'Inspection générale d'histoire et de géographie pour son soutien à l'édition de cet atlas. Les Éditions Autrement tiennent à souligner la participation d'Anick Mellina, agrégée d'histoire, inspectrice d'académie, IPR d'histoire et de géographie de l'académie de Versailles, et à la remercier pour sa participation à l'élaboration de l'atlas et à sa relecture scientifique des cartes et des textes.




77, rue du Faubourg-Saint-Antoine • 75011 Paris
Tél. 01 44 73 80 00 • Fax 01 44 73 00 12 • www.autrement.com

ISBN 978.2.7467.1008.5
ISSN 1271.0151
Dépôt légal : septembre 2007
Imprimé et broché en France par Corlet Imprimeur SA
Achevé d'imprimer en août 2007

# SOMMAIRE

4 L'immensité chinoise

**INTRODUCTION**
6 Une Chine, plus jamais la même

8 De l'Empire du milieu…
10 … à la République populaire de Chine

**L'HÉRITAGE**
12 La Grande Muraille, le mur, nous et les autres
14 Le barrage des Trois Gorges
16 Valeurs culturelles et religions
18 Le maoïsme en héritage

**LES MUTATIONS ACCÉLÉRÉES DE LA SOCIÉTÉ**
20 Trop d'hommes ?
22 La vie quotidienne
24 Éducation et recherche
26 Santé, structures de soins et épidémies
28 Criminalité
30 Encadrement social et répression politique
32 Temps des loisirs et du tourisme

**UN TERRITOIRE EN RECOMPOSITION**
34 Les lieux de l'ouverture
36 Une économie mondialisée
38 Le développement local
40 Des disparités régionales aux risques de l'éclatement ?
42 La fin d'un monde rural ?
44 L'envers environnemental du développement

**LA CHINE DES VILLES**
46 La modernisation urbaine
48 La sociabilité, ses lieux dans la ville
50 Pékin, capitale impériale
52 Shanghai, ville de la modernité
54 Hong Kong, carrefour en Asie

**LES PÉRIPHÉRIES**
56 Les nationalités minoritaires
58 Le Xinjiang, des enjeux d'échelles multiples
60 Le Tibet, faire sienne les hautes terres de l'Asie
62 Taiwan, une trajectoire originale

**LA CHINE ET LE MONDE**
64 La Chine, nouvelle puissance économique en Asie
66 Les stratégies géopolitiques en Asie
68 L'enjeu énergétique
70 Un géant militaire ?
72 Le face-à-face sino-américain
74 Les Chinois outre-mer et le monde chinois aujourd'hui

**REPÈRES**
76 Les transcriptions alphabétiques du chinois
77 Chronologies
79 Indications bibliographiques
79 Sites Internet
80 Index

# L'IMMENSITÉ CHINOISE

RUSSIE
120°
140°
Amour
Argoun
Nuomin
Petit Xing'an
Grand Xing'an
Gobi
Sakhaline
Khabarovsk
Oussouri
Songhua
Qiqihar
HEILONGJIANG
Harbin
Lac Khanka
Hokkaido
Vladivostok
Jilin
Changchun
Liaohe
JILIN
MONGOLIE INTÉRIEURE
LIAONING
Fushun
Shenyang
Anshan
Mer du Japon
40°
CORÉE DU NORD
PYONGYANG
Honshu
TOKYO
JAPON
Baotou
Hohhot
PÉKIN
Tangshan
Dalian
Datong
Plateau de l'Ordos
HEBEI
TIANJIN
Golfe de Bohai
Shijiazhuang
SÉOUL
CORÉE DU SUD
Taiyuan
SHANXI
Yantai
Jinan
Weifang
Qingdao
Handan
SHANDONG
Mer Jaune
Linyi
Détroit de Corée
Shikoku
Fleuve Jaune
Grand Canal
Xi'an
Luoyang
Zhengzhou
Plaine de Chine
Cheju-do
Kyushu
Océan Pacifique
SHAANXI
HENAN
JIANGSU
30°
Huainan
Nankin
Huaihe
Hanshui
HUBEI
Hefei
Wuxi
SHANGHAI
Yangzi
ANHUI
Wuhan
Hangzhou
Ningbo
Mer de Chine orientale
ZHEJIANG
Lac Poyang
Nanchang
Changsha
HUNAN
JIANGXI
Wenzhou
Rui'an
Xiang
Îles Ryukyu
Okinawa
Plateaux de Chine du Sud
Fuzhou
FUJIAN
Détroit de Taiwan
Xiamen
TAIPEI
GUANGXI
GUANGDONG
TAIWAN
Canton
Kaohsiung
Xijiang
HONG KONG
MACAO
Zhanjiang
G. du Tonkin
Détroit de Luçon
Haikou
HAINAN
Mer de Chine méridionale
PHILIPPINES
120°
Altitudes
6 000 m
4 000 m
2 000 m
1 000 m
500 m
200 m
0
Dépression
PÉKIN Capitale de la République populaire de Chine (RPC)
Frontière de la RPC
Province, municipalité de rang provincial, région autonome et région d'administration spéciale
Limite
ANHUI Nom
Capitale
Autre ville importante

# INTRODUCTION

***À Pierre Trolliet***

## UNE CHINE, PLUS JAMAIS LA MÊME

Les formidables mutations que la Chine a connues avec les réformes et l'ouverture à l'étranger depuis la fin des années 1970 se sont accélérées ces quinze dernières années et ont profondément bouleversé la société, les structures économiques et le territoire chinois. L'encadrement collectif par le travail hérité de la Chine maoïste a laissé la place à un marché libre d'emplois contractuels, à une privatisation du logement et à une responsabilisation individuelle en termes de protection sociale.

La Chine, hier paysanne et agricole, devient un pays majoritairement urbain, où prédominent l'industrie et, de plus en plus, les services. Les villes sont les pivots et les vitrines du développement chinois. De gigantesques métropoles émergent, verticalisant leur bâti et se redéployant sur d'immenses banlieues. La création de la Nouvelle Zone de Pudong à Shanghai a donné le ton de ce renouvellement dès 1990. Les radicales transformations de Pékin et Shanghai à l'approche respective des Jeux olympiques en 2008 et de l'Exposition universelle en 2010 en sont désormais les symboles les plus achevés.

Une classe moyenne chinoise, aujourd'hui propriétaire de son appartement, a surtout redécouvert les plaisirs de la société de consommation, et les réformes du temps de travail ont transformé les Chinois par millions en touristes dans leur propre pays et, progressivement, dans les grandes villes du monde.

L'automobile est, avec les opérations immobilières florissantes, un facteur déterminant de restructuration des réseaux de transports intra-urbains et de périurbanisation avec une multiplication des zones résidentielles. L'amélioration globale des niveaux d'éducation, le monde des médias, Internet – malgré les censures politiques toujours présentes – permettent à la société chinoise de se recomposer dans une modernité importée, rêvée et à la fois appropriée. La Chine se rapproche de nous.

La Chine, un pays développé ? La réponse n'est plus illégitime. Elle doit toutefois être nuancée par des inégalités régionales aggravées depuis trente ans, notamment entre le littoral et le reste du pays, des disparités voire des ruptures entre les villes et les campagnes, et une stratification sociale toujours plus visible, facteur de frustrations et de ségrégations.

La Chine reste en cela marquée par son immensité en espace et en hommes, qu'un État central, pourtant héritier d'un système impérial pluriséculaire, a du mal à harmoniser devant des localismes régionaux eux-mêmes économiquement renforcés par leur intégration à la mondialisation. Les politiques d'aménagement peuvent être développées à l'échelle de ce pays-continent, il leur faudra encore du temps pour diffuser un niveau de développement satisfaisant dans les provinces et les campagnes intérieures.

Une société à plusieurs vitesses, dans des logiques urbaines et régionales diverses, inégalement ouverte sur l'extérieur, compose ainsi une Chine transformée par ses mutations aujourd'hui accélérées.

Pour autant, la Chine a retrouvé une place stratégique en Asie grâce à sa croissance économique, aux perspectives qu'offrent sa main-d'œuvre bon marché et son marché intérieur, ainsi qu'à ses coopérations multilatérales avec ses voisins. Depuis quelques années, la Chine, contrainte par ses besoins énergétiques et la nécessité politique de conserver un fort taux de croissance, développe une stratégie qui dépasse la région Asie et se développe sur tous les continents. Une Chine intérieurement condamnée à la puissance mondiale ?

Au-delà d'une seule question culturelle, la Chine nous pose ainsi celle d'un monde dont les distances, la masse démographique, les différences dans les cultures locales, la diversité des structures sociales et des développements locaux en font un territoire atypique, dont notre propre quotidien est pourtant devenu en large partie solidaire. Et si la Chine inventait un nouveau modèle de puissance développée d'échelle continentale ?

La Chine abandonne donc un système productif et social battu en brèche par l'économie de marché, et ses pratiques économiques, urbaines et culturelles se rapprochent des standards de la mondialisation. Il serait cependant faux de penser que les processus mondiaux uniformisent les territoires et les sociétés, et qu'ils ne sont pas eux-mêmes transformés par les histoires et les perceptions locales qu'ils affectent.

Les jeunes générations chinoises, par leur formation et leur meilleure connaissance de l'étranger, ont aussi le souci d'une identité qui leur est propre, et celui de réaliser une mondialisation chinoise qui peut être accomplie dans la modernité. Les nouveaux paysages et les nouvelles organisations fonctionnelles au sein des villes sont l'objet de projets architecturaux, de pratiques urbaines et de formes entrepreneuriales qui ne sont pas de simples copies de modèles étrangers transplantés, mais sont au contraire issus de transformations depuis un héritage local, se veulent uniques et capables eux-mêmes de devenir des modèles.

Thierry Sanjuan

# DE L'EMPIRE DU MILIEU...

***La conception qui prévaut du IIIe siècle avant J.-C. au XIXe siècle assimile l'empire à l'ensemble du monde, à tout ce qui est « sous le ciel » (tian xia). Ce dispositif, où l'État chinois supporte un idéal unitaire, est autant culturel et cosmologique que politique. Un jeu de territoires emboîtés, constitués du lieu de résidence de l'empereur, de la terre des Han à l'abri de la Grande Muraille et des régions de peuples périphériques et tributaires, place la souveraineté chinoise au cœur du monde asiatique. Mais le nouveau rapport de force qui s'instaure avec l'Occident à partir des guerres de l'Opium met fin à cette première mondialisation chinoise.***

L'EXTENSION HISTORIQUE DE L'EMPIRE CHINOIS

## La fabrique impériale

L'empire est fondé par Qin Shihuang en 221 avant J.-C., mais l'idéologie impériale se met en place sous la dynastie des Han. Elle est une synthèse des légitimations cosmologiques du mandat du ciel (*tianming*), de l'autoritarisme centralisateur et des rigueurs pénales des légistes, de l'éthique confucéenne et des conceptions taoïstes.

Le politique en Chine prend en charge le sacré. Il confond l'ordre social et celui de l'univers, et place l'empereur au centre du dispositif entre le ciel et les hommes. Il distingue les trois principaux mouvements spirituels (confucianisme, taoïsme, bouddhisme) sous les Tang, il autorise les cultes locaux et laisse aux familles les cultes ancestraux. Les dynasties chinoises établissent progressivement le système de formation de fonctionnaires lettrés, avec trois niveaux d'examens impériaux. Ces représentants de l'État sont ensuite envoyés dans des localités avec lesquelles ils n'ont aucun lien familial, afin d'exercer leurs charges administratives, fiscales et judiciaires.

Ni le bouddhisme, ni les dynasties mongole et mandchoue des Yuan et des Qing, ni les contacts avec l'islam ou l'Europe avant la révolution industrielle ne modifient le système impérial chinois.

> **“**
> ***La civilisation chinoise a de la sorte constitué, avant toute autre nation en toute autre partie du monde, une nation homogène nombreuse, sur un territoire très vaste, structurée dans un État.***
> **PIERRE GOUROU, *LA TERRE ET L'HOMME EN EXTRÊME-ORIENT*.**
> **”**

## Le défi occidental

La première guerre de l'Opium ouvre une période décisive. Elle frappe un empire déjà affaibli par un boom démographique qui a entraîné crises économiques, sociales et politiques, et confronte la Chine à un monde occidental rendu supérieur par ses innovations technologiques, productives et militaires liées à la révolution industrielle.

**LES IMPLANTATIONS ÉTRANGÈRES.** Elles se multiplient sur le sol chinois et prennent la forme de colonies comme celles de Macao ou Hong Kong. Elles se traduisent par l'ouverture de ports ou de villes où des concessions étrangères se créent et deviennent rapidement les principaux territoires de la ville comme à Shanghai, l'actuelle Wuhan ou Tianjin. Cette présence étrangère suscite enfin de vastes zones d'influence prolongeant les empires européens et japonais en Asie, comme la Mandchourie que se disputent Russes et Japonais, la basse et moyenne vallée du Yangzi sous l'influence britannique, ou le Sud-Ouest chinois voisin de l'Indochine française. Le territoire chinois trouve ses frontières actuelles dans les délimitations que lui imposent alors les empires coloniaux européens.
Si les concessions sont rendues au début des années 1940, le « siècle de la honte » ne se clôt, selon les communistes, qu'en 1949.

### LES PRINCIPALES DATES DE L'HISTOIRE CHINOISE

- **XVII$^{e}$ siècle – 1025 avant J.-C.** dynastie des Shang
- **1025 – 221 av. J.-C.** dynastie des Zhou
  - **722 – 481 av. J.-C.** période des Printemps et des Automnes
  - **453 – 221 av. J.-C.** période des Royaumes combattants
- **221 – 206 av. J.-C.** les Qin, première dynastie impériale
- **206 avant J.-C. – 220 après J.-C.** dynastie des Han
- **220 – 265** période des Trois Royaumes
- **618 – 907** dynastie des Tang
- **960 – 1279** dynastie des Song
- **1271 – 1368** dynastie mongole des Yuan
- **1368 – 1644** dynastie des Ming
- **1644 – 1911** dynastie mandchoue des Qing
- **1839 – 1842** première guerre de l'Opium
- **1911** proclamation de la République chinoise
- **1949** proclamation de la République populaire de Chine

### LES PRÉSENCES ÉTRANGÈRES AU DÉBUT DU XX$^{E}$ SIÈCLE

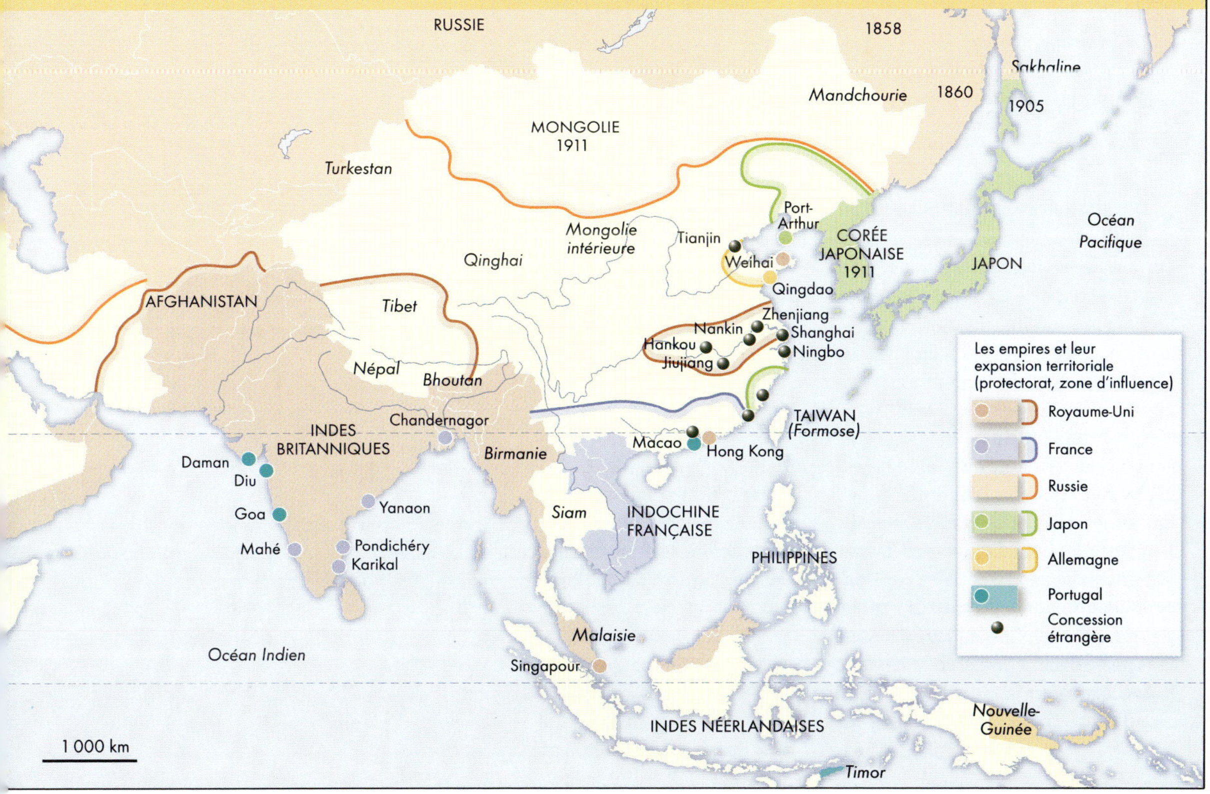

# … À LA RÉPUBLIQUE POPULAIRE DE CHINE

***Les découpages administratifs de la République populaire s'inscrivent dans la continuité d'une histoire pluriséculaire. La trame territoriale a évidemment connu des remaniements, même sous l'empire. Mais, au total, les provinces et les districts peuvent remonter aux Ming, voire au-delà. Des identités locales ont ainsi fortement contrebalancé l'immensité chinoise. La modernité s'est également traduite au XXe siècle par une redéfinition de la Chine en un État-nation et, avec le pouvoir communiste, à un encadrement beaucoup plus fin des populations, non plus au seul niveau du district mais jusqu'à celui du quartier ou du village.***

## L'invention de l'État-nation

L'impérialisme occidental accélère la disparition du monde chinois traditionnel et force la Chine à se redéfinir.

**DE LA NOTION DE *MINZU*…** Néologisme venu à la fin du XIXe siècle d'Europe via le Japon, le terme de *minzu* correspond à la fois aux notions françaises d'ethnie, de nationalité et de nation. La Chine, d'empire universel, devient la « nation » chinoise, que la politique des nationalités inscrit, dans les années 1950, parmi d'autres peuples : les nationalités minoritaires (*shaoshu minzu*). L'idée impériale n'est plus valable que dans les limites intérieures du pays et elle s'habille d'un discours d'entraide interethnique.

**… AUX REVENDICATIONS NATIONALES.** La revendication nationale de retrouver une entière souveraineté sur son territoire a obsédé tout le XXe siècle de la Chine. Pour le régime communiste, la carte nationale, voire nationaliste, est un atout majeur. Aujourd'hui, il veut conserver sa légitimité dans une solidarité nationale mise en scène par d'ambitieux aménagements du territoire, la réunification chinoise avec les rétrocessions de Hong Kong et Macao, ou une fièvre nationale ravivée sans cesse par des événements exceptionnels, qu'il s'agisse des Jeux olympiques ou de manifestations contre le révisionnisme japonais.

### LES INSTANCES DU POUVOIR CENTRAL ET L'ADMINISTRATION TERRITORIALE

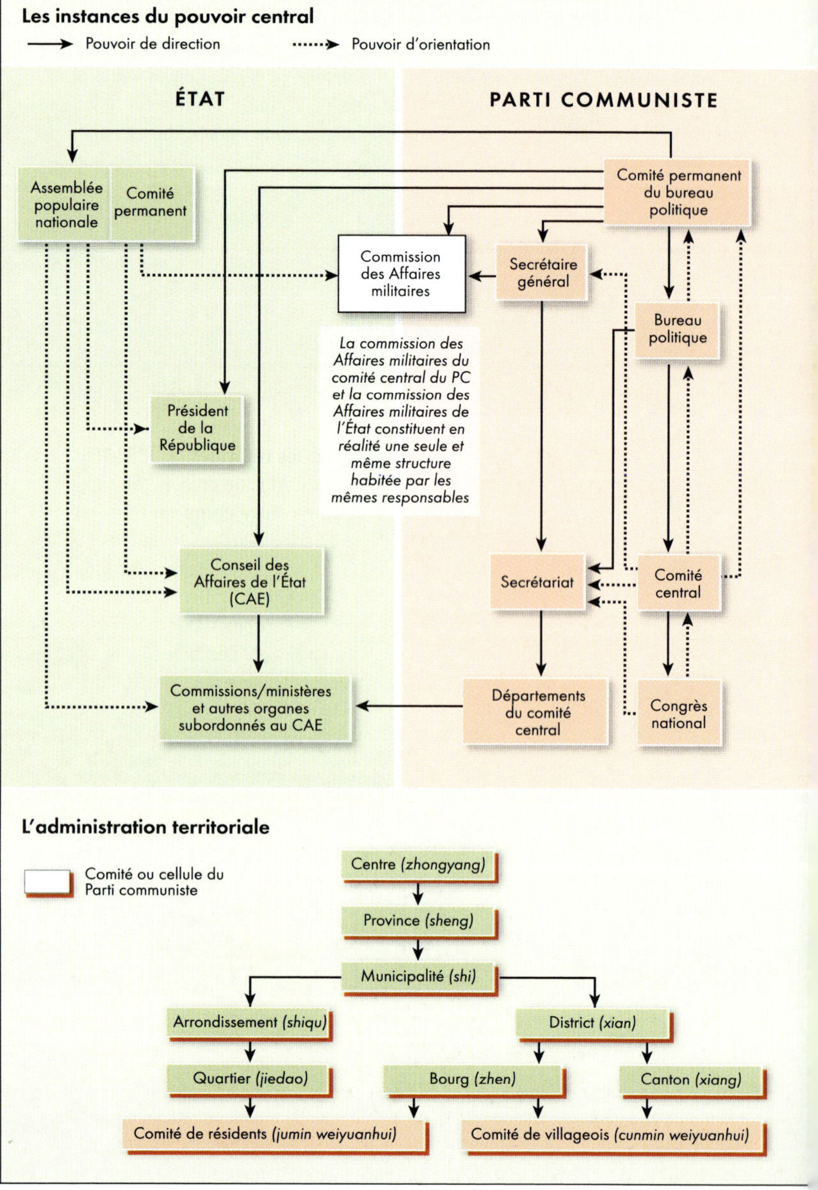

### LES ENTITÉS ADMINISTRATIVES DE RANG PROVINCIAL

> Une des originalités de la Chine est d'avoir développé, bien avant l'Occident moderne, une conception abstraite de l'État, une administration rationnelle et une législation qui lui était propre.
>
> JACQUES GERNET, *LE MONDE CHINOIS*.

## La ville introuvable ?

La ville chinoise est le lieu du pouvoir politique, qui a historiquement interdit la formation d'une bourgeoisie urbaine autonome. Elle correspond à un territoire qui excède le strict espace urbain, et peut comprendre de très vastes terres. Chongqing n'est ainsi pas « la plus grande ville du monde » avec plus de 31 millions d'habitants : son agglomération centrale ne comptait que 4,9 millions d'habitants en 2005.

## L'encadrement administratif

Depuis les réformes de 1983-1984, les provinces tendent à se subdiviser en municipalités (*shi*) : de grandes ou moyennes villes avec des districts ruraux.
La ville-centre comprend des arrondissements (*shiqu*), eux-mêmes subdivisés en quartiers (*jiedao*), composés de comités de résidents (*jumin weiyuanhui*). Les mutations actuelles font de plus en plus correspondre aux quartiers des communautés résidentielles (*shequ*) et aux comités de résidents de petits secteurs résidentiels (*xiaoqu*). Les districts (*xian*) comprennent des bourgs (*zhen*) et des cantons (*xiang*). Les bourgs sont de petites villes augmentées d'espaces ruraux, et sont composés de comités de résidents et de comités de villageois (*cunmin weiyuanhui*) ; les cantons ne comportent que des comités de villageois.
Toutes ces entités administratives sont doublées de cellules du Parti communiste, où se trouve le vrai pouvoir de décision. Les Chinois sont encadrés dans leur vie pratique jusqu'à un niveau très local. Dans les villes, les unités de travail (*danwei*) jouaient un rôle également déterminant, mais leur pouvoir disparaît avec la réforme des entreprises d'État, d'une privatisation des logements et d'une plus grande mobilité de la population.

### CANTON, UN TERRITOIRE MUNICIPAL

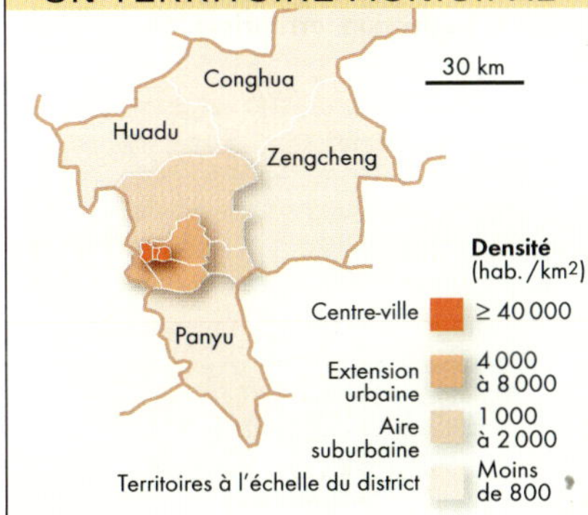

# LA GRANDE MURAILLE, LE MUR, NOUS ET

***La Chine est faite de murs : Cité interdite, Ville impériale ou Grande Muraille. L'espace familial comprend les murs de la maison, l'obstacle visuel (rideau, pierre, mur) placé derrière la porte d'entrée, ou l'opposition entre le lieu de réception et des espaces plus intérieurs, privés, pouvant eux-mêmes se décliner en une accessibilité filtrante et graduelle. L'espace n'est pas neutre et égal. Il est un instrument de discrimination entre les peuples, les communautés ou les personnes. Il offre aussi les moyens de s'aménager une liberté contre la pression intrusive et normative de la société, face à laquelle il est difficile de revendiquer une indépendance.***

## Le *nei* et le *wai*

La Grande Muraille matérialise une conception spatiale qui ignore l'égalité entre les lieux et projette sur les territoires une hiérarchie structurante de la société chinoise. Les terres en deçà de cet ouvrage colossal ne délimitent pas seulement la Chine. Elles relèvent de la catégorie *nei*, celle de l'intérieur, de l'intime, du nous, et s'opposent à celle du *wai*, l'extérieur, l'étranger, l'autre. Cette discrimination existait à plusieurs échelles et distinguait autant de statuts différents dans le système impérial. Si l'empereur incarnait la centralité, le premier cercle – déterminé par la Grande Muraille – réunissait les Han, un second cercle se composait des peuples étrangers qui payaient tribut et reconnaissaient la primauté chinoise, un cercle plus large s'étendait aux barbares résolument extérieurs au monde civilisé.

La Chine a donné très tôt une place à l'étranger dans son propre système politico-territorial, mais en lui attribuant un statut définitivement hors du « nous ». Cette logique se retrouve dans la création des nationalités et des régions autonomes au sein de la République populaire, puis dans les ouvertures littorales, limitées géographiquement et limitant la place accordée aux étrangers, des années 1980.

La principale transformation de l'empire, hier centre du monde et monde lui-même, fut de devenir un État-nation devant dorénavant, par-delà une frontière moderne et fondée sur le principe d'égalité territoriale, négocier à égalité avec ses voisins.

### UNE MAISON CHINOISE TRADITIONNELLE

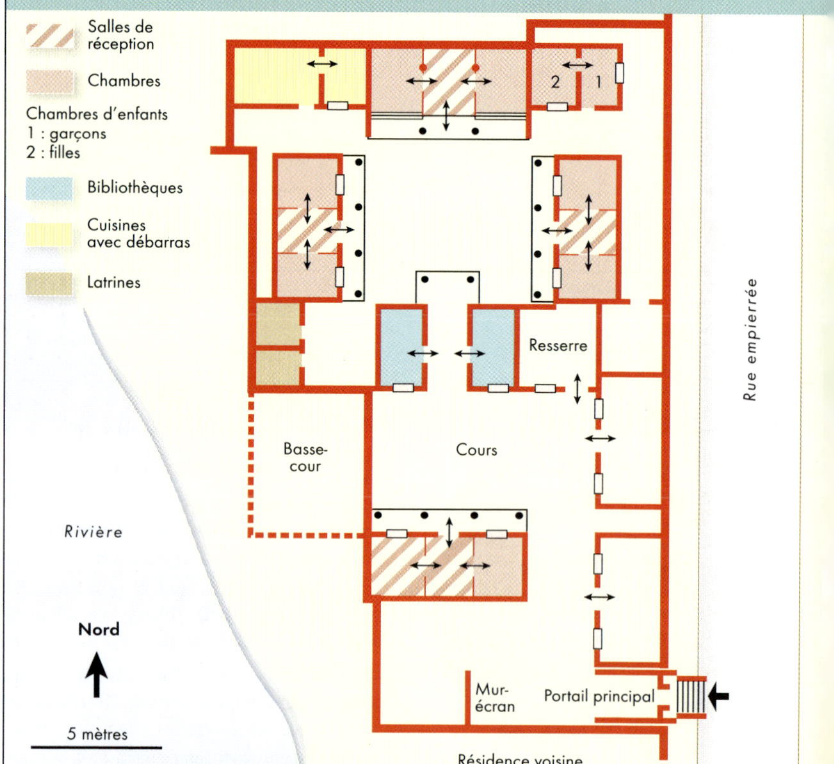


Source : *Jin Ping Mei*, Gallimard, Paris, 1985.

> *Longue, longue, la Grande Muraille sans fin s'allonge, tout au long de ses trois mille stades. Aux portes du pays, que de garçons robustes ! Mais, au fond des maisons, combien de femmes veuves !*
>
> CHEN LIN, POÈTE DU IIIe SIÈCLE.

# LES AUTRES

## LA GRANDE MURAILLE

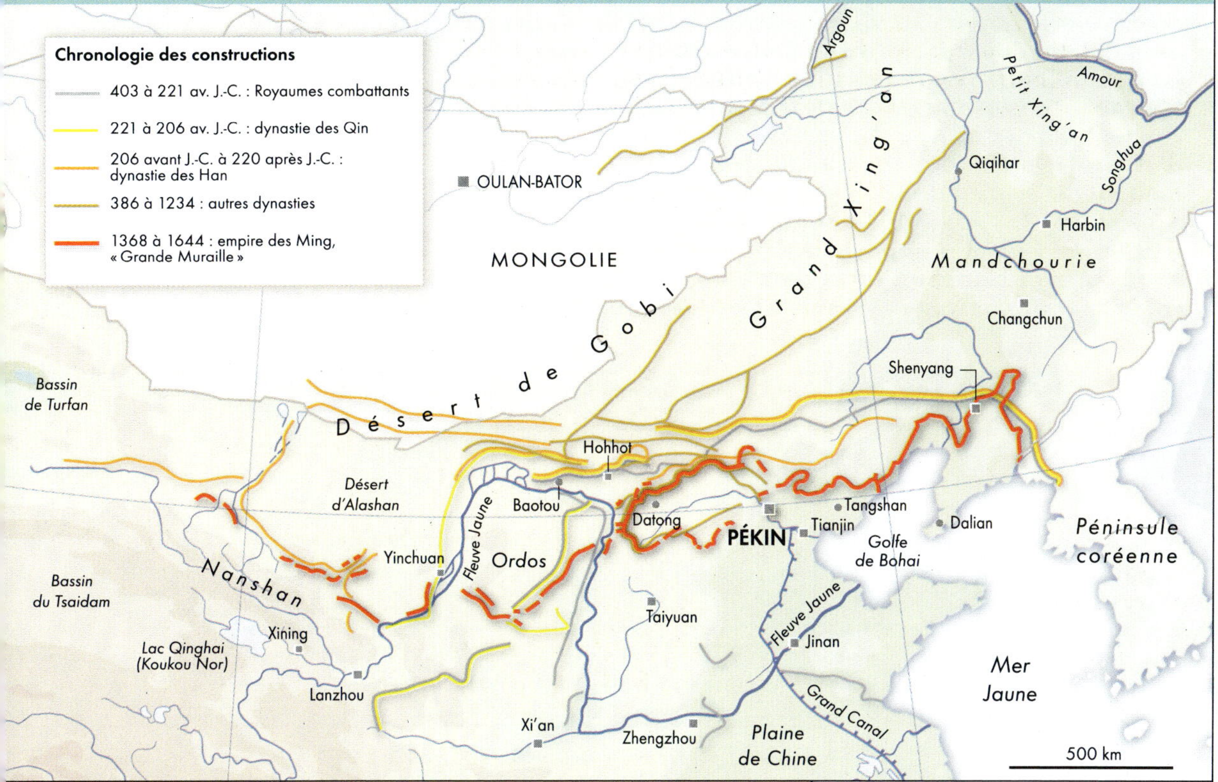


## Relations interpersonnelles et réseaux

La société chinoise reprend en interne l'opposition *nei* et *wai*. Les relations sociales se construisent sur la base des *guanxi* ou relations interpersonnelles privilégiées, de l'ordre du *nei*, en excluant les « extérieurs ». Cette démarche limite le recours aux voies de communication « blanches » : le contact avec l'autre ne peut pas s'établir à l'aide d'une liste anonyme (annuaire téléphonique, listing, etc.). Je ne peux entrer en contact avec une personne inconnue que si je justifie d'une connaissance commune, d'une *guanxi* qui me recommande et me confère valeur et crédit. Les relations interpersonnelles sont ainsi fondées sur un réseau de connaissances en commun.

Deux notions fondent le lien social : la confiance (*xinyong*) et la face (*mianzi*). Je bénéficie d'emblée, aux yeux de mon interlocuteur, de la confiance qu'il met en celui qui m'a présenté à lui, et la mise en relation engage la crédibilité même de ma relation initiale. Si je ne respecte pas ma parole, je perds la face et surtout la fais perdre à celui qui m'a recommandé, et tout crédit pour nous deux. Les services à rendre et les engagements réciproques deviennent en retour obligatoires dans cette structure en réseau.

### LES CERCLES EMBOÎTÉS

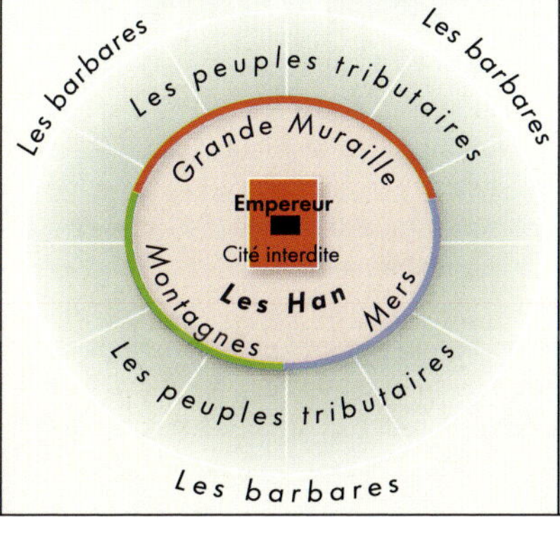


## L'histoire de la Grande Muraille

La Grande Muraille marquait la limite entre le monde des Han et le monde « barbare ». Par sa hauteur, elle devait jouer le rôle de barrière physique contre les intrusions des peuples du Nord. Mais cette fonction fut largement symbolique, et les portes qui la ponctuaient en firent bien plus un lieu de contacts, d'échanges commerciaux et de conflits entre les populations.

Elle résulte de différentes murailles construites au fil de l'histoire. Les premiers pans ont été élevés entre les Ve et IIIe siècles av. J.-C. Les Ming ordonnent de relier entre eux les différents tronçons aux XVe et XVIe siècles. Ils bâtissent ainsi la Grande Muraille actuelle, qui est longue de presque 3 000 kilomètres et épouse admirablement la topographie des régions traversées du golfe de Bohai aux portes de l'Asie centrale.

# Le barrage des Trois Gorges

**Les premiers ouvrages hydrauliques chinois datent du VIIIe siècle avant J.-C. Ils concernent le fleuve Jaune et la Chine du Nord. Le Grand Canal relie le Yangzi au bassin du fleuve Jaune sous les Tang, et à Pékin sous les Yuan. Le barrage des Trois Gorges se distingue par son ampleur et ses conséquences régionales. Il découle d'un projet politique national illustrant le rôle de leader du pouvoir central dans l'aménagement du territoire. Approuvé par l'Assemblée populaire nationale en 1992, il est aussi l'objet d'oppositions venant de Shanghai et des provinces riches, de scientifiques et d'intellectuels chinois, et de courants écologistes occidentaux.**

## Les contraintes hydriques et les aménagements hydrauliques

### Les trois objectifs du barrage

Le premier objectif est la lutte contre les crues et la régularisation du débit du Yangzi. Le réservoir a un niveau d'eau normal de 175 m d'altitude. Ce niveau est, chaque année, abaissé à 145 m avant juin. Le volume d'eau accumulé entre juin et octobre est ensuite évacué pendant la saison sèche.

Le deuxième objectif est une production hydroélectrique de 18 200 MW et un rendement annuel moyen de 84,7 TWh, grâce à 26 turboalternateurs.

Le troisième objectif est de désenclaver l'intérieur en améliorant la navigabilité d'un axe qui relie le Sichuan et Chongqing à la région des lacs et Wuhan, puis au delta du Yangzi, à Shanghai et aux voies maritimes internationales : des navires de 10 000 tonnes pourront gagner Chongqing, qui est aussi l'un des pôles principaux du projet de développement de l'Ouest.

« *Le barrage des Trois Gorges n'est pas un projet d'ingénierie hydroélectrique. C'est un projet politique montrant toutes les caractéristiques d'un système économique socialiste centralisé.* »

Dai Qing,
journaliste chinoise.

## Le détournement des eaux du Yangzi vers le Nord

À la suite du barrage, le détournement d'une partie des eaux du Yangzi est prévu vers les provinces du Nord, qui souffrent de déficits hydriques croissants. Deux routes font l'objet de travaux. La route médiane prend de l'eau du réservoir d'un affluent du Yangzi pour relier le fleuve Jaune. La route orientale est la plus importante : elle réemprunte le Grand Canal du Yangzi à Tianjin et Pékin.

### LE BARRAGE

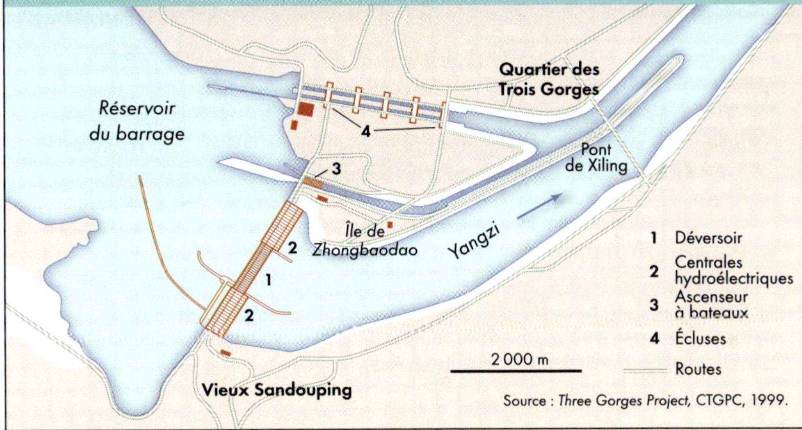


Source : *Three Gorges Project*, CTGPC, 1999.

**Précipitations moyennes annuelles, en millimètres**

- Plus de 2 000
- 1 500 à 2 000
- 1 250 à 1 500
- 1 000 à 1 250
- 750 à 1 000
- 500 à 750
- 400 à 500
- 250 à 400
- 100 à 250
- 50 à 100
- Moins de 50

**Aménagements hydrauliques**

- Grand Canal
- Barrage
- Canal de dérivation

Source : Zhao Songqiao, *Physical Geography of China*, Science Press, Pékin, 1986.

## Populations déplacées et développement régional

Le barrage a entraîné la recomposition quasi complète de la région des Trois Gorges. Cette région est administrativement à cheval sur la municipalité de Chongqing et la province du Hubei. Elle était composée d'une population largement agricole et pauvre. La construction du barrage a ennoyé 632 km² de terres. Les lieux les plus touchés sont les espaces où se concentraient populations et activités en lien avec l'axe fluvial. 1,2 million de personnes ont été déplacées dans la région ou vers des provinces plus éloignées, jusqu'à Shanghai ou le Guangdong.

Les autorités ont décidé de suivre le principe d'un « développement contrôlé ». L'Agence du conseil d'État pour le déplacement des populations a poussé à l'introduction de nouvelles techniques agricoles ou industrielles. Elle a mené une politique d'amélioration locale des conditions de vie en termes d'habitat, d'équipements, d'éducation et de soins. Le tourisme et l'agriculture commerciale sont encouragés.

Certaines villes voient leur site originel conservé et leurs quartiers engloutis sont reconstruits au-dessus du niveau de l'eau. D'autres sont reconstruites sur des sites aménagés : douze villes nouvelles ont ainsi été créées.

### LE BARRAGE EN CHIFFRES

**L'ouvrage hydraulique**

- 185 m : hauteur altitudinale du barrage
- 2 310 m : longueur du barrage

**Réguler le débit**

- 39,3 milliards de m³ : le réservoir à un niveau d'eau de 175 m
- 22,1 milliards de m³ : les capacités supplémentaires avec l'abaissement du niveau d'eau à 145 m avant juin
- 663 km : la distance entre Yichang et Chongqing

**Produire de l'éléctricité**

- 18 200 MW : capacité hydroélectrique annuelle
- 26 turboalternateurs : 14 à gauche et 12 à droite du déversoir

**Améliorer la navigabilité**

- 2 séries de 5 écluses adaptées à des bateaux de 10 000 t
- 1 ascenseur adapté à des bateaux de 3 000 t

**Les conséquences humaines et régionales**

- 1 200 000 personnes déplacées

## Les défis environnementaux

Le premier défi tient dans les risques d'accumulation des sédiments en amont du barrage, contre lesquels doivent agir les 23 ouvertures basses du déversoir.

La deuxième inquiétude est la résistance sismique du barrage. Mais la magnitude des séismes ne devrait pas dépasser le niveau 6 sur l'ensemble du réservoir et l'ouvrage a été construit en vue d'un niveau 7 sur l'échelle de Richter.

Troisième défi : les conséquences sur les biotopes terrestres et aquatiques. Les espèces endémiques sont les premières victimes. La montée des eaux perturbe les écosystèmes aquatiques : elle modifie les lieux de migration et de reproduction des poissons.

Une pollution fluviale s'ajoute au nombre des défis, avec les eaux insuffisamment traitées des usines et des villes situées le long du Yangzi ou de ses affluents.

# VALEURS CULTURELLES ET RELIGIONS

***La Chine ignore historiquement la notion occidentale de religion. Le néologisme zongjiao vient du japonais à la fin du XIXe siècle. L'empire prend en charge le sacré : l'ordre des hommes et celui du monde se confondent, l'empereur tire sa légitimité du ciel. Le confucianisme, le taoïsme et le bouddhisme sont les trois grands cultes reconnus, auxquels s'ajoutent les rites familiaux et communautaires, et les religions importées. La Chine actuelle reconnaît cinq religions : taoïsme, bouddhisme, catholicisme, protestantisme et islam. Les « valeurs asiatiques », articulées au confucianisme, sont vues comme des facteurs de réussite de l'Asie émergente.***

## L'enseignement de Confucius

Le mouvement intellectuel dont le point de départ est l'enseignement de Confucius (env. 551-479 av. J.-C.) est une pensée plus morale que politique. L'homme est un être essentiellement social, qui occupe une place précise dans une hiérarchie structurée par les âges et les sexes. Il se doit d'agir dans le monde et de respecter activement les rites. L'autorité du père ou du souverain se fonde sur une édification morale du fils ou sujet, qui répondent eux-mêmes par des actions de soumission respectueuse.

L'encadrement familial et politique qui en découle, combiné à un effacement de l'individu au profit du groupe, a pu permettre une organisation sociale efficace dans la gestion de fortes densités humaines, des logiques productives à hauts rendements et des aménagements collectifs d'envergure.

## Le protestantisme en pleine croissance

En 1949, le pouvoir communiste contraint les protestants de toutes les Églises à se réunir en une seule association nationale. Après la Révolution culturelle, leur nombre connaît une très forte croissance. Ils seraient aujourd'hui 30 millions, trois fois plus que les catholiques, et la plupart préfèrent les Églises locales, qui manifestent de fortes tendances évangéliques et pentecôtistes.

> « *Confucius part d'un constat fort simple : notre « humanité » n'est pas un donné, elle se construit et se tisse dans les échanges entre les êtres et la recherche d'une harmonie commune.* »
>
> ANNE CHENG, *HISTOIRE DE LA PENSÉE CHINOISE.*

## Le bouddhisme, un renouveau ?

Le bouddhisme est une religion étrangère à la Chine, mais il s'y est très largement développé dans sa variante du Grand Véhicule et structure aujourd'hui le monde chinois aussi fortement que le confucianisme et le taoïsme. Il a ses montagnes sacrées et des lieux de pèlerinage très populaires. Son prestige social et intellectuel reste élevé et il est florissant aujourd'hui. Après la Révolution culturelle, les temples ont été réouverts et restaurés. Une nouvelle génération de moines et de moniales est formée dans les grands monastères.

Toutefois, l'Association bouddhiste nationale encadre ce renouveau, qui n'est pas indépendant d'une valorisation touristique, et une sévère répression reste d'actualité au Tibet, même si l'intérêt pour le bouddhisme tibéto-mongol croît dans les grandes villes chinoises.

### ÉCOLES DE PENSÉE CHINOISES ET RELIGIONS IMPORTÉES

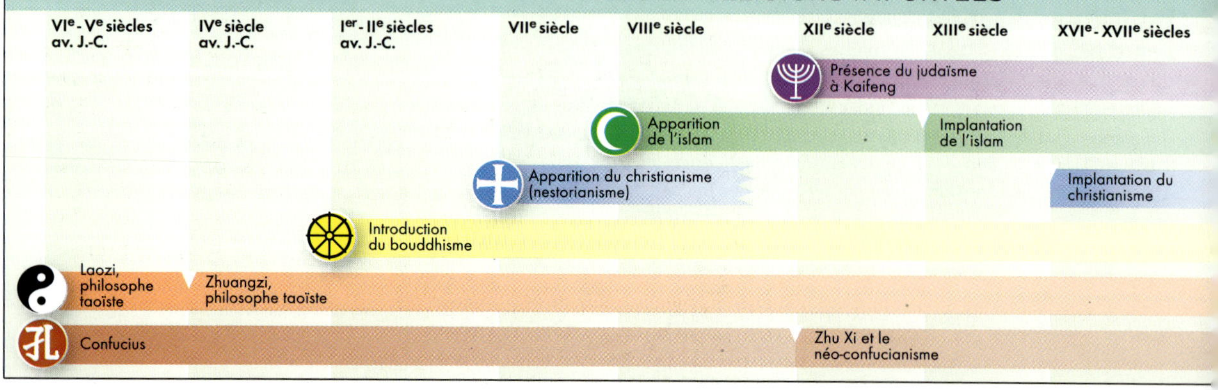

LIEUX SACRÉS, MONTAGNES ET PÈLERINAGES

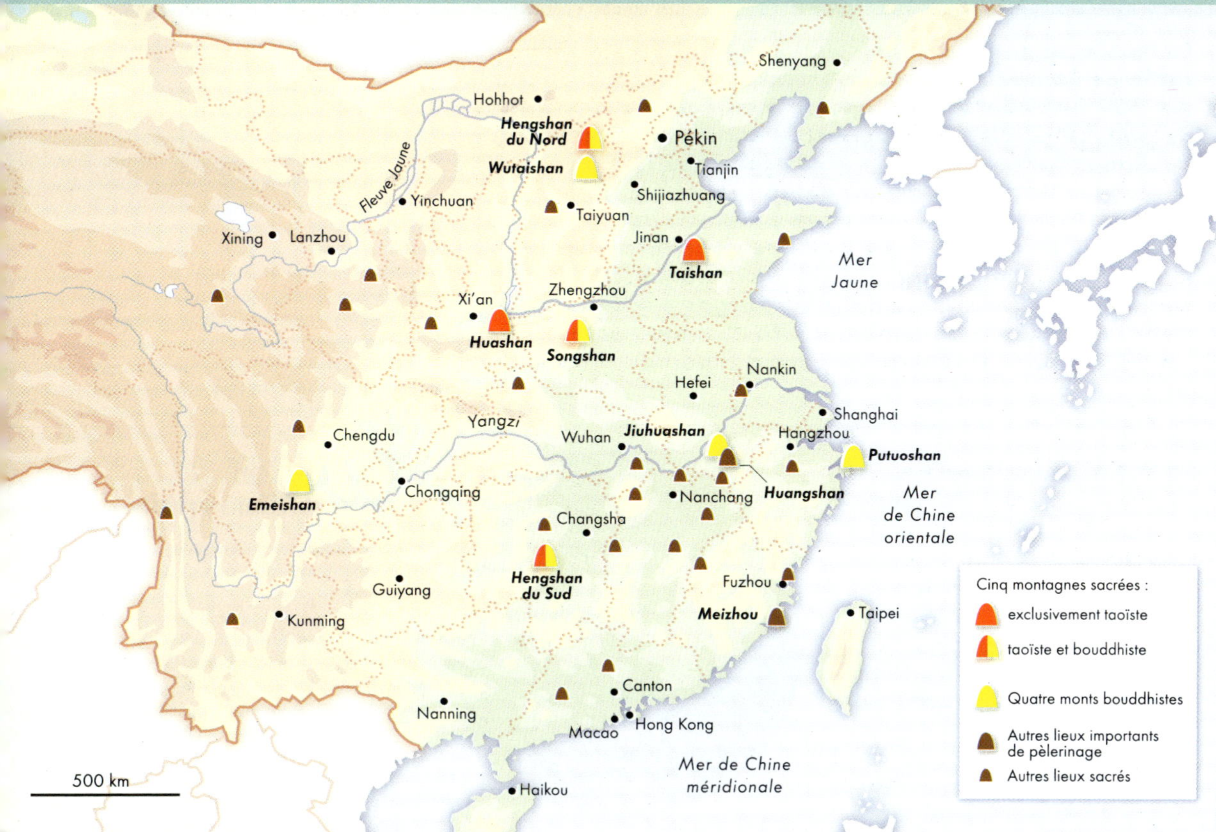


## Le taoïsme, ou les forces de la vie

Le taoïsme est l'autre grande école de pensée chinoise, mais ses origines historiques sont moins nettes que celles du confucianisme. Laozi et Zhuangzi, ses pères fondateurs, auraient respectivement vécu aux VI^e et IV^e siècles avant J.-C.

Ce courant offre une interprétation globale de la vie et de l'univers. Il privilégie le non-agir (*wuwei*) pour suivre la voie (*dao*), combinaison dynamique de forces sombres (*yin*) et claires (*yang*). Il entend aussi répondre aux inquiétudes métaphysiques des Chinois, à leurs angoisses devant la déchéance physique et la mort, et il met pour cela l'accent sur la vie et les méthodes destinées à la prolonger dans l'espoir de l'immortalité. Le développement d'une pharmacopée savante et de techniques très élaborées d'exercices corporels comme le *qigong* en découlent.

Le taoïsme a surtout assimilé nombre de croyances ou mythologies populaires et il est devenu la principale religion autochtone du pays. Un clergé s'appuie sur un vaste réseau de temples et de montagnes sacrées. En 1958, le pouvoir communiste a créé une Association taoïste nationale, qui est encadrée aux différents échelons de l'administration territoriale et relève du ministère des Affaires religieuses.

YIN-YANG

## Les « valeurs asiatiques »

Le confucianisme a enfin été confronté aux volontés modernisatrices de la Chine au XX^e siècle.

Jusqu'aux années 1940, la question était de savoir si la modernisation chinoise devait entraîner son occidentalisation, avec un refus radical des valeurs chinoises.

Après 1949, hors de la Chine continentale, la tradition confucéenne fut revalorisée contre les méfaits de la civilisation technologique occidentale.

Depuis les années 1970, l'essor économique des « petits dragons » asiatiques et de la Chine a surtout mené à reconnaître une supériorité à la civilisation confucéenne, fondée sur la famille, la communauté et l'ardeur au travail. Singapour, la première, s'est faite la promotrice de « valeurs asiatiques » alternatives à celles de l'Occident. La Chine multiplie aujourd'hui les instituts Confucius dans le monde.

# LE MAOÏSME EN HÉRITAGE

***Le Parti communiste chinois est créé en 1921. L'insurrection ratée de Canton et le retournement nationaliste à Shanghai en 1927 justifient la stratégie de Mao Zedong d'une prise de pouvoir par les campagnes. Le maoïsme commence au Jiangxi et se poursuit par des épisodes célèbres : la Longue Marche et la lutte antijaponaise. La figure de Mao Zedong domine la scène politique des trente premières années de la République populaire. Il lance le Grand Bond en avant, puis la Révolution culturelle. La Chine s'enfonce alors dans les purges politiques et dans une misère que comblent difficilement l'enthousiasme révolutionnaire et le culte du Grand Timonier.***

## La Révolution culturelle

La Révolution culturelle a profondément marqué la société chinoise par ses débordements idéologiques, sa violence aux personnes, l'envoi de ses « jeunes instruits » à la campagne et la misère dont elle s'accompagna.

Affaibli depuis l'échec du Grand Bond en avant, Mao Zedong célèbre dès 1964 le modèle collectiviste de la brigade de Dazhai dans le Shanxi. Les paysans y ont abandonné leurs lopins de terre et sont rétribués non en fonction de leur travail mais de leur activisme politique.

Dans les villes, les lycéens et les étudiants sont mobilisés. Le mouvement des gardes rouges entraîne les autres couches sociales dans la « Grande Révolution culturelle prolétarienne » en 1966. Dénonciations, séances d'autocritique publique, humiliations se multiplient. Les différents mouvements de gardes rouges s'opposent ensuite entre eux. Un chaos général frappe la Chine. Mao Zedong une fois réinstallé aux commandes, l'armée rétablit l'ordre et ses cadres prennent le pouvoir avec de réelles marges d'autonomie dans les provinces.

Les mouvements idéologiques ne cessent pas pour autant, avec Lin Biao, puis la Bande des Quatre dominée par Jiang Qing, jusqu'à la mort de Zhou Enlai et celle de Mao Zedong en 1976.

« *Nous autres communistes, nous sommes comme les semences et le peuple est comme le sol. Où que nous allions, nous devons nous unir avec le peuple, prendre racine et fleurir au milieu du peuple.* »

CITATION DU PRÉSIDENT MAO ZEDONG.

## L'encadrement des populations urbaines

La période maoïste exalte la paysannerie, mais elle développe l'industrie et s'assure le contrôle des villes. Un système d'encadrement est mis sur pied, dont l'unité de travail (*danwei*) est le pilier principal dès les années 1950.

Une unité de travail peut correspondre à une entreprise industrielle, une administration ou un service. Elle intervient dans la vie professionnelle et privée de ses employés. Elle offre le logement à un loyer modéré, la crèche pour les enfants, les services de l'hôpital avec lequel elle est en lien ; elle donne les lettres d'introduction pour les démarches à l'extérieur et son approbation pour le mariage ou le divorce de l'employé. Elle est le pivot central de la politique de planification des naissances par les avantages qu'elle concède ou reprend.

Depuis les années 1990, ce système tend à disparaître. Dans les grandes villes, il ne se maintient que dans les services de l'État. Les entreprises réduisent leur activité à la production. L'encadrement des populations se territorialise, avec les communautés résidentielles. Les moyens de contrainte restent mobilisables par les autorités, mais ils se réduisent ordinairement à limiter les possibles débordements politiques.

### L'ENCADREMENT DES ENTREPRISES D'ÉTAT

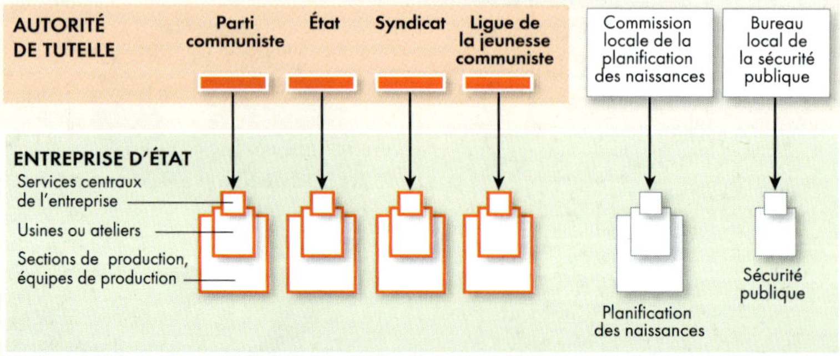


Source : Corine Eyraud, *L'Entreprise d'État chinoise*, L'Harmattan, Paris, 1999.

## LES LIEUX DU MAOÏSME 1921-1976

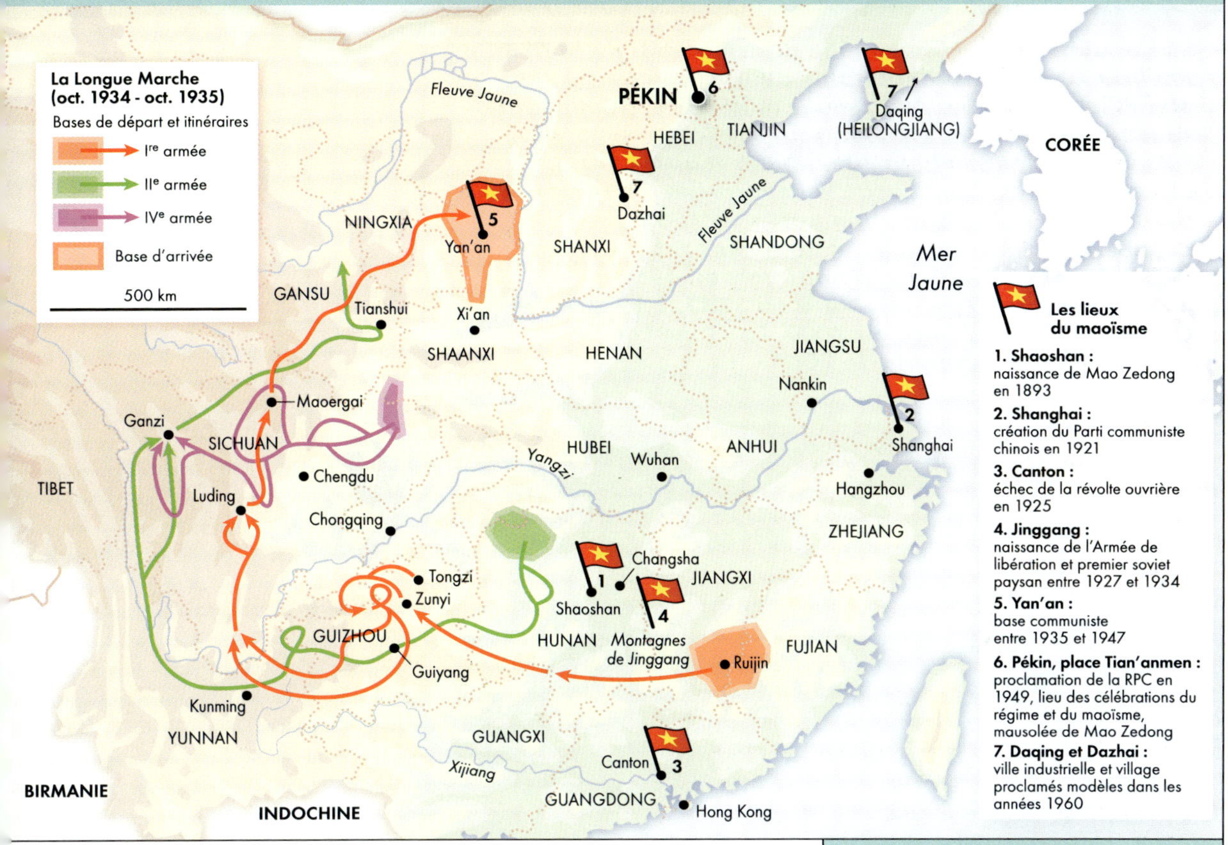


## La vision chinoise actuelle du maoïsme

La Chine des réformes s'est construite contre la période maoïste, symboliquement terminée avec le procès de la Bande des Quatre. Il faut répondre au sous-développement du pays et la mouvance réformatrice de Deng Xiaoping l'emporte en 1978. L'efficacité du technicien doit désormais primer sur le discours de l'idéologue.

Une littérature des « cicatrices » apparaît, qui dénonce les souffrances de la Révolution culturelle. La figure de Mao Zedong reste celle du fondateur de la République populaire, mais le culte de la personnalité et les « erreurs » du président Mao sont dorénavant dénoncés.

La population chinoise s'éloigne, dans ses valeurs, de la société égalitaire et solidaire de l'époque collectiviste. Elle peut toutefois en garder la nostalgie devant les nouvelles exigences d'une économie fondée sur le marché, la concurrence et la décollectivisation des structures sociales. Après l'explosion économique et urbaine actuelle, viendra un moment où la Chine redécouvrira l'architecture monumentale du maoïsme, ses ambitions modernisatrices dans l'aménagement urbain, à Pékin, ou régional, comme « la troisième ligne de défense » largement reprise aujourd'hui par le projet de développement de l'Ouest. Elle reconnaîtra alors une continuité plutôt qu'une rupture entre les planificateurs maoïstes et les réformateurs denguistes.

Au-delà de la chronologie officielle, l'ouverture commence avec la reconnaissance de la République populaire par l'ONU en 1971, la visite de Nixon à Pékin en 1972 ou le lancement des quatre modernisations (agriculture, industrie, sciences et techniques, défense) par Zhou Enlai en 1975.

## LES CAMPAGNES POLITIQUES

- **1951 :** campagne d'élimination des « contre-révolutionnaires », puis campagne des Trois Anti (corruption, gaspillage et bureaucratisme)
- **1952 :** campagne des Cinq Anti (versements de pots-de-vin, fraudes fiscales, détournement des biens de l'État, escroquerie dans les contrats conclus avec l'État et obtention illégale d'informations économiques émanant de l'État)
- **1954 :** campagne contre des intellectuels éminents (Yu Pingbo, Feng Xuefeng et Hu Feng)
- **1955 :** campagne d'élimination des « contre-révolutionnaires cachés »
- **1956-1957 :** campagne des Cent Fleurs contre les intellectuels « droitiers »
- **1958-1961 :** mouvement du Grand Bond en avant, suivi d'une famine (entre 18 et 23 millions de morts en milieu rural)
- **1964 :** campagne célébrant le modèle de la brigade de Dazhai
- **1966 :** début de la Révolution culturelle
- **1967-1968 :** chaos social et politique, guerre civile, puis répression contre les gardes rouges et envoi des « jeunes instruits » en milieu rural
- **1976 :** mort de Zhou Enlai et de Mao Zedong, et élimination de la Bande des Quatre

# TROP D'HOMMES ?

**La population a toujours été le principal défi de la Chine : environ 40 millions d'habitants au IIIe siècle avant J.-C., 60 millions au début du premier millénaire, 50 millions sous les Tang et 120 millions sous les Song. Si la population tombe à 70 millions sous les Yuan, la croissance reprend, jusqu'à l'explosion démographique du XVIIIe siècle : la population passe de 150 à près de 430 millions entre 1700 et 1850. Les recensements dénombrent 583 millions d'habitants en 1953, 691 millions en 1964, 1 milliard en 1982, 1,13 milliard en 1990 et 1,27 milliard en 2000. La Chine compte 1,31 milliard d'habitants fin 2005.**

## LA RÉPARTITION DÉMOGRAPHIQUE EN 2000

> *La civilisation chinoise traditionnelle était une civilisation à fort potentiel de peuplement : elle poussait à une lourde densité rurale. Elle eut par là une grande action « paysagiste ».*
>
> PIERRE GOUROU, *LA TERRE ET L'HOMME EN EXTRÊME-ORIENT.*

## La fin de la transition démographique

Le taux de fécondité est tombé à 1,6 ‰ pour les femmes en âge de procréer, le taux de natalité est de 12,4 ‰ et celui de la mortalité de 6,5 ‰ en 2005. Les moins de 15 ans représentent 20 % de la population totale ; ceux qui ont entre 15 et 64 ans, 71 % ; les plus de 64 ans, 9 %. L'espérance de vie est de 70 ans pour les hommes et de 74 ans pour les femmes.

## Les politiques des naissances

**LE RETARD PRIS DANS LE CONTRÔLE DES NAISSANCES.** La réduction de la croissance démographique est inégalement liée aux campagnes de planification des naissances qui se sont succédé depuis les années 1950. Les premières campagnes de 1956 et 1962 ont été respectivement interrompues par le Grand Bond en avant et par la Révolution culturelle.

**LE TOURNANT DÉCISIF DES ANNÉES 1970.** La troisième campagne, lancée en 1972, est marquée par un changement décisif des comportements démographiques. L'indice synthétique de fécondité est divisé par 2,5 dans les années 1970. Le pays entre dans la deuxième phase de la transition démographique.
Le gouvernement impose des quotas aux différents échelons de l'administration territoriale et prône trois principes : *wan* (tard), retarder les mariages et la procréation ; *xi* (espacé), espacer les naissances ; et *shao* (peu), réduire le nombre des enfants par couple à deux en ville et trois dans les campagnes, puis uniformément à deux. La réussite de cette troisième campagne tient surtout à ce que les autorités, à travers des structures restées coercitives, dans un pays sous-alimenté, peuvent encore imposer le respect de leurs décisions.

**LA POLITIQUE DE L'ENFANT UNIQUE.** La quatrième campagne radicalise les politiques précédentes, limite à un seul le nombre d'enfants par foyer et aggrave les contraintes des couples. Ceux qui ont un seul enfant obtiennent un « certificat d'enfant unique » qui leur donne droit à des avantages matériels : en ville, logement ou biens manufacturés ; dans les campagnes, lopin de terre et terrain à construire. Au deuxième enfant, ils perdent ces avantages et jusqu'aux services de base pour le troisième. Ce volontarisme rencontre le désir des couples urbains de vivre mieux et d'assurer de bonnes conditions d'études à leur enfant. Dans les campagnes, il entre en conflit avec des familles paysannes qui multiplient les bras en privilégiant les garçons. Dès 1984, l'État autorise un deuxième enfant en milieu rural, si le premier est une fille.

### QUATRE CAMPAGNES DÉMOGRAPHIQUES

- **1956**
1re campagne de planification des naissances (arguments économiques et de santé, diffusion de contraceptifs, avortement provoqué et stérilisation), interrompue en 1958 par le Grand Bond en avant.

- **1962**
2e campagne de planification des naissances (retard du mariage, notamment en ville), interrompue en 1966 par la Révolution culturelle.

- **1972**
La 3e campagne de planification des naissances a été décisive ; elle a suivi trois principes : retarder les mariages et la procréation ; espacer les naissances ; réduire le nombre d'enfants à deux par couple.

- **1979**
La 4e campagne s'appuie sur une mobilisation générale des structures d'encadrement et limite les naissances à un enfant unique par foyer, avec une aggravation des contraintes administratives et économiques sur les couples.

- **1984**
Recul des autorités dans les campagnes et multiplication des autorisations pour un deuxième enfant.

## Les défis actuels

La population de la Chine devrait se stabiliser vers 1,5 milliard d'habitants dans les trente ans à venir. L'Union indienne l'aura, d'ici là, dépassée. Mais les conséquences du boom démographique des années 1950 et 1960, puis de la politique de l'enfant unique pèseront longtemps sur le pays.

**UNE MAIN-D'ŒUVRE PLÉTHORIQUE,** insuffisamment formée, est le défi majeur depuis déjà trente ans. Le sous-emploi que cachaient autrefois les structures collectives est aujourd'hui révélé par la croissance des taux de chômage urbain et des flux migratoires considérables depuis les régions les plus défavorisées.

**LE VIEILLISSEMENT DE CETTE CLASSE D'ÂGE NOMBREUSE** constitue un autre défi, alors que les structures de solidarité ont été décollectivisées et que les jeunes générations sont largement composées d'enfants uniques. Les années à venir vont contraindre les autorités à trouver de nouvelles solutions à ces problèmes inédits. Des formules comme des caisses locales de retraites ou d'allocations chômage sont actuellement inventées au niveau des municipalités et des districts.

**UN DÉSÉQUILIBRE DES SEXES,** enfin, inquiète les autorités chinoises : on compte 123 garçons pour 100 filles parmi les enfants de moins de cinq ans en 2005.

### L'ÉVOLUTION PROBABLE DE LA PYRAMIDE DES ÂGES

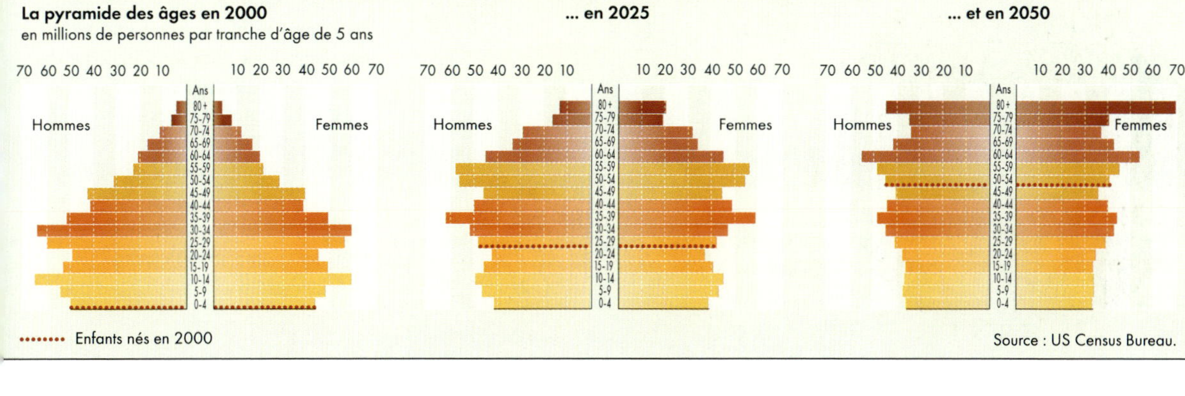


Source : US Census Bureau.

**Depuis le début des années 1990, en moins d'une génération, les réformes de l'économie, du travail, du logement et des espaces de sociabilité ont profondément bouleversé la société et la vie quotidienne des Chinois. Les valeurs de la modernité ont changé les mentalités, le rapport à l'argent, les modes de consommation, les relations entre les hommes… De nouvelles habitudes alimentaires ont été introduites. Les conceptions culturelles héritées disparaissent toutefois moins qu'elles ne se recomposent, à l'exemple de la maison chinoise, dont les principes d'organisation se maintiennent en s'adaptant aux standards internationaux de la vie moderne.**

## UN QUARTIER PÉRIPHÉRIQUE À PÉKIN

La Cité de l'électricité, en 2004

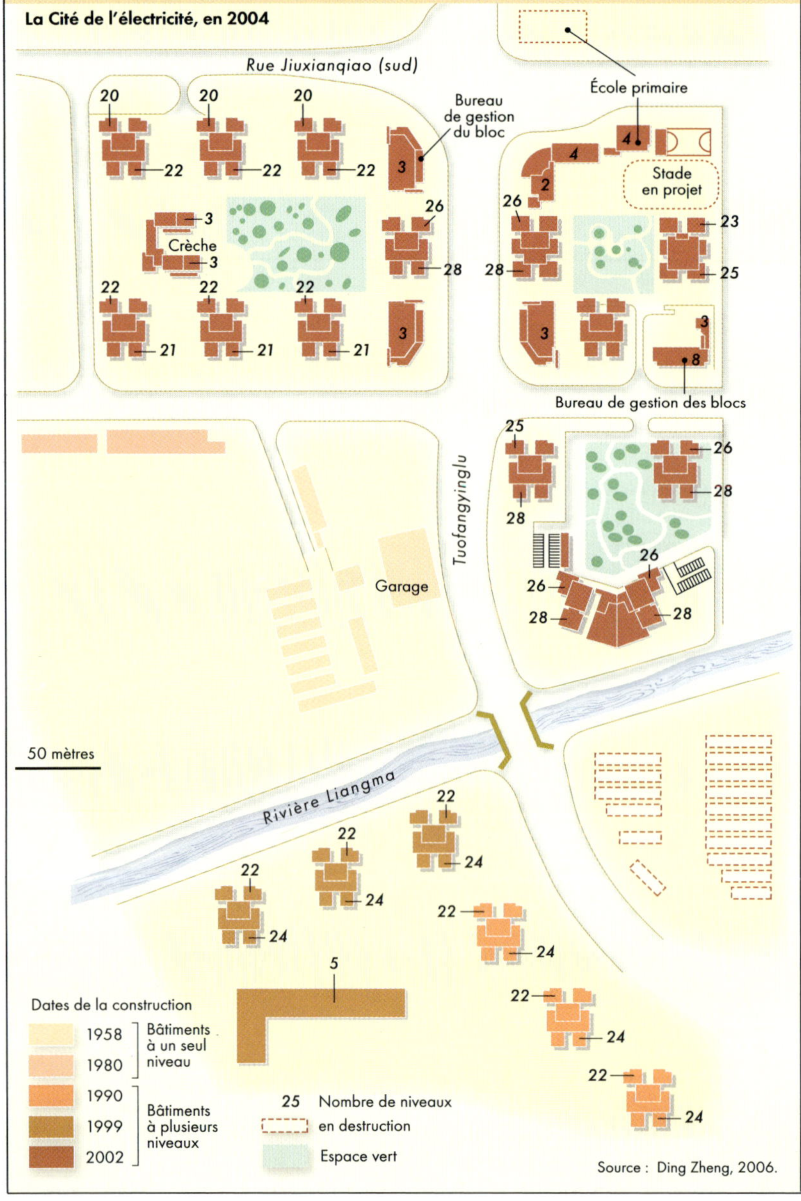


Source : Ding Zheng, 2006.

## Nouvelles pratiques alimentaires

**L'ART CULINAIRE** occupe une place importante dans la vie des Chinois, des soucis diététiques aux mets des fêtes familiales. Un couteau pour couper et un wok pour cuire suffisent. Les aliments sont prédécoupés et cuits. Les trois repas quotidiens se composent de céréales cuites à l'eau ou à la vapeur, avec légumes, viandes ou poissons. Les prises alimentaires, plus nombreuses, dépassent le simple grignotage.

**LES MUTATIONS DU GOÛT.** Au-delà de solides spécificités culinaires régionales, on assiste actuellement à un changement de régime alimentaire, notamment chez les urbains. Le riz n'a plus la même importance et la consommation de viande (porc surtout, volaille), d'huiles végétales, de sucre et de boissons alcoolisées augmente rapidement. Les produits laitiers sont de plus en plus appréciés dans les grandes villes.

**L'OBÉSITÉ, UN NOUVEAU FLÉAU.** Le nombre d'obèses augmente depuis les années 1990. Les enfants, notamment entre 7 et 12 ans, sont de plus en plus touchés. De 6 % en 1995, le taux des adolescents atteints par l'obésité et âgés de 10 à 12 ans s'est élevé à près de 15 % en 2002. L'urbanisation et l'amélioration des niveaux socio-économiques s'accompagnent d'apports énergétiques trop importants et d'activités physiques insuffisantes.

### Un appartement familial à Pékin

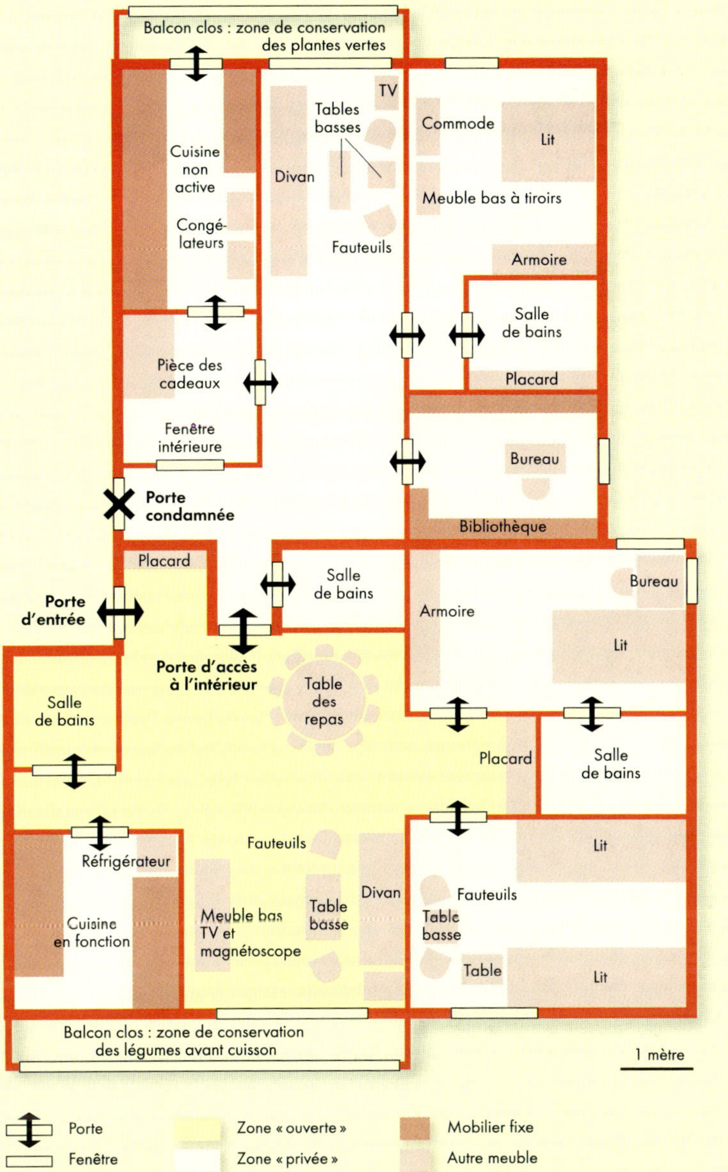


Source : Alain Leclerc, 2007.

## La réforme du travail

La vie des citadins était autrefois encadrée à partir du travail. L'unité de travail décidait du salaire, de l'emploi et de la mobilité des employés. Elle intervenait dans leur vie privée en autorisant ou non un mariage ou une naissance. Elle offrait en contrepartie un emploi à vie, l'accès au magasin d'État, le logement et les allocations sociales.

Les réformes ont créé un véritable marché du travail. Un système d'emplois contractuels existe dès 1986. Des panneaux d'offres d'emplois sont rapidement apparus sur les murs des villes, indiquant la nature du travail, le salaire, les avantages proposés et les qualifications requises.

Mais les sécurités sociales de l'ancien système ont été supprimées et relèvent dorénavant du seul individu. Le chômage s'est aggravé avec la réforme des entreprises d'État.

## Devenir propriétaire

L'habitat en ville est presque totalement collectif. Dans les années 1990, le logement est passé du statut de bien géré par l'État à celui de produit de consommation régi par le marché. Les promoteurs immobiliers privés sont devenus les acteurs majeurs de la construction urbaine, en lien avec les autorités locales. Les citadins, s'ils sont propriétaires de leur logement, ne possèdent pas pour autant le sol, qui reste propriété de l'État.

Le secteur de la construction est l'un des plus dynamiques de l'économie chinoise. La surface moyenne nationale par personne des logements urbains était de 6,7 m² en 1978, 13,5 m² en 1989 et 26,1 m² en 2005. Cet essor s'accompagne d'une verticalisation du bâti. Celui qui a été construit avant les années 1950 et les barres de logements uniformes de quatre ou cinq étages des trente premières années du régime laissent la place à des tours de dix à trente étages avec ascenseur.

Les nouveaux ensembles sont souvent d'accès réservé, dépendants d'une association de propriétaires privés et entretenus par une société de gérance spécialisée. À la périphérie des très grandes villes se développe désormais une forme d'habitat facilitée par la motorisation : la villa familiale.

> ***« Finis les tresses et les habits bleus des années 1970. La chirurgie esthétique, l'industrie de la mode et des cosmétiques se sont emparées des femmes aisées. »***
> Jacqueline Nivard, *Le Dictionnaire de la Chine contemporaine.*

# ÉDUCATION ET RECHERCHE

***L'éducation est devenue un facteur déterminant dans la valorisation professionnelle et sociale des individus. Les plus jeunes générations ont des qualifications hier interdites à leurs parents en raison de structures d'enseignement insuffisantes et de leur dévalorisation sociale pendant la Révolution culturelle. Cela n'avait cependant pas empêché de faire reculer fortement l'analphabétisme. Aujourd'hui, l'école est en profond bouleversement, par l'augmentation des frais de scolarité, la multiplication des types d'établissement, la modernisation de l'enseignement supérieur et le nombre croissant de jeunes Chinois allant étudier à l'étranger.***

## LES ZONES DE RECHERCHE ET DÉVELOPPEMENT EN NOUVELLES TECHNOLOGIES

Source : Bureau national des statistiques, 2006.

> *Je souhaite que reviennent tous ceux qui sont partis à l'étranger, quel que soit leur passé politique. Ils seront accueillis à leur retour comme il convient. Dites-leur que, s'ils veulent contribuer, le bon choix est de rentrer.*
>
> DENG XIAOPING.

## L'enseignement supérieur

L'enseignement supérieur offre des cursus longs, dits principaux, ordinairement de quatre ans, et des cursus courts, dits spécialisés, de deux ou trois ans. Un concours national y donne accès à 21 % de la classe d'âge en 2005. Le nombre des étudiants a plus que quadruplé en dix ans : ils ont été 13,3 millions en 2005.

Les universités chinoises sont lancées dans une forte concurrence pour constituer des pôles pluridisciplinaires complets et internationaux et relever le défi du classement mondial des universités dans la liste de Shanghai. Elles multiplient les échanges et les accords en formation et en recherche avec les universités d'Asie, d'Amérique du Nord, d'Europe ou d'Australie. En 2004, elles ont accueilli 110 000 étudiants étrangers, leur nombre augmentant de 20 % par an. Enfin, un tiers des 450 000 étudiants partis à l'étranger depuis 1980 était rentré en 2001.

## LA RÉPARTITION MONDIALE DES ÉTUDIANTS CHINOIS

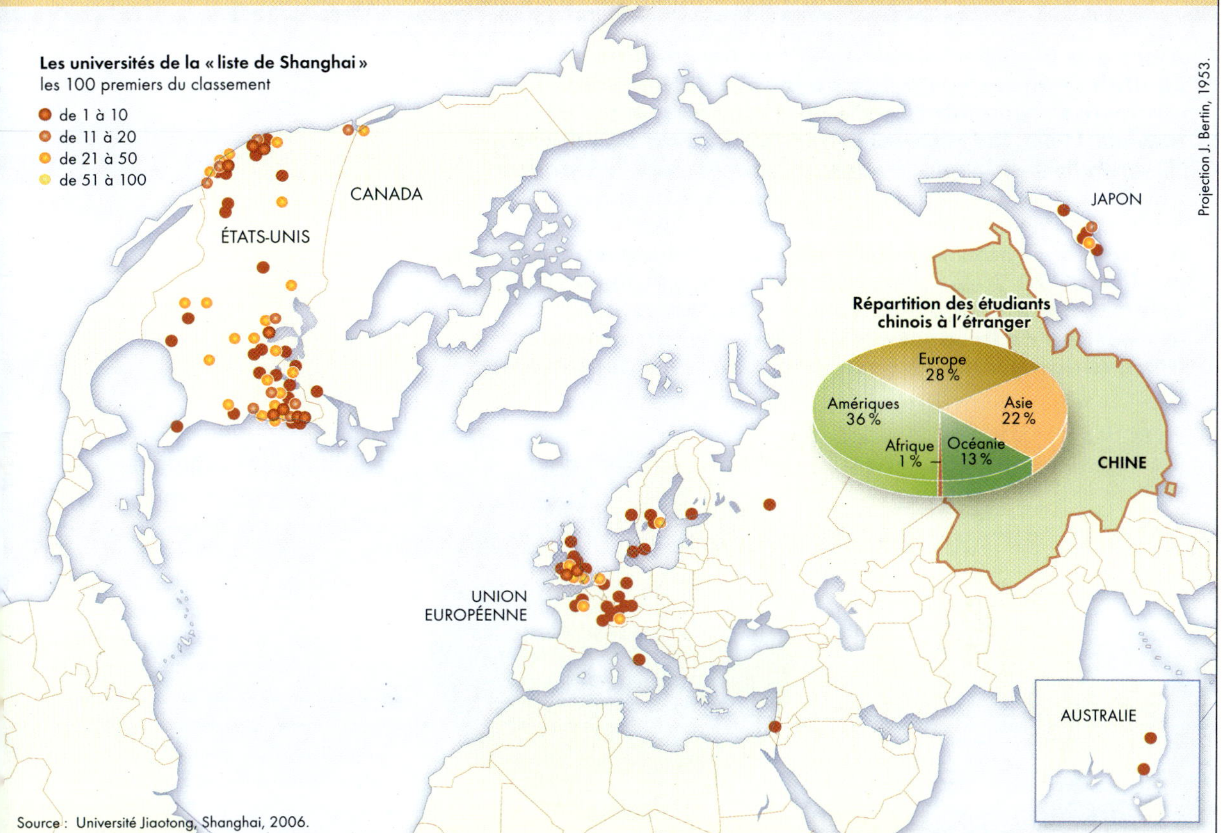


Source : Université Jiaotong, Shanghai, 2006.

## L'éducation, un service public

Le gouvernement a réinscrit l'obligation scolaire dans la loi en 1986. La durée était de six ans dans les villes et cinq ans dans les campagnes. Elle a été prolongée à neuf ans pour tous en 1998. Cette obligation n'était pas assortie de gratuité. L'enseignement supérieur a même perdu la sienne en 1996. L'effort financier s'est donc reporté de l'État sur les familles chinoises, avec des discriminations vivaces suivant l'enregistrement civil. L'accès aux services éducatifs urbains est soumis à la condition de résidence officiellement reconnue. Les écoles privées se multiplient en ville tant pour les enfants de migrants que pour les urbains aisés, dont les enfants gagnent, eux, les écoles d'« aristocrates ». À la campagne, les structures publiques se dégradent voire disparaissent.

## L'ENSEIGNEMENT DEPUIS 20 ANS

**Nombre d'élèves ou d'étudiants**
en millions, par niveau d'enseignement

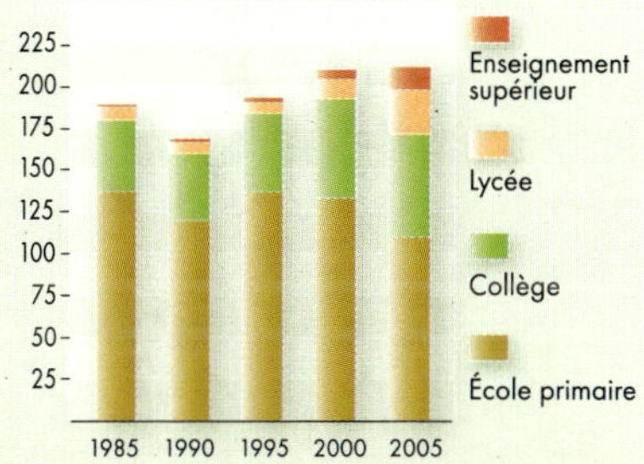


Source : Bureau national des statistiques, 2006.

## LES ÉTUDIANTS CHINOIS À L'ÉTRANGER

**Nombre d'étudiants à l'étranger**
en milliers, par année

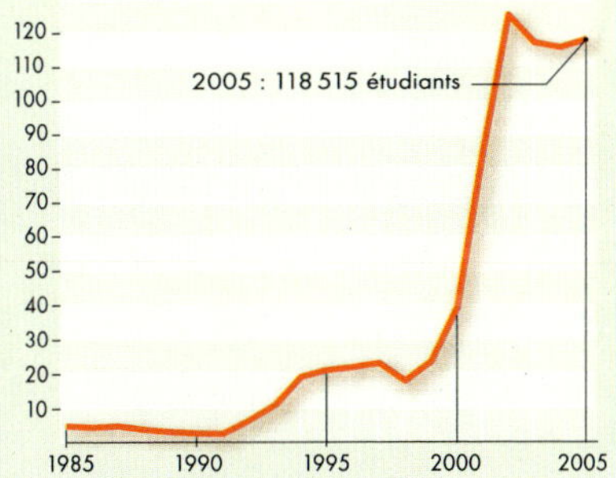


Source : Bureau national des statistiques, 2006.

## La modernisation de la recherche chinoise

La recherche fondamentale se déroule dans des instituts de recherche publique et des universités, et la recherche finalisée relève des entreprises. Toutefois, le gouvernement a constitué un réseau de laboratoires clés dans les universités, obtenant des crédits pour des projets stratégiques. Des synergies se développent entre les entreprises et les universités comme dans le secteur pékinois de Zhongguangcun.

## LES FILIÈRES D'ENSEIGNEMENT

**Répartition des étudiants**
en %, par spécialité, en 2005

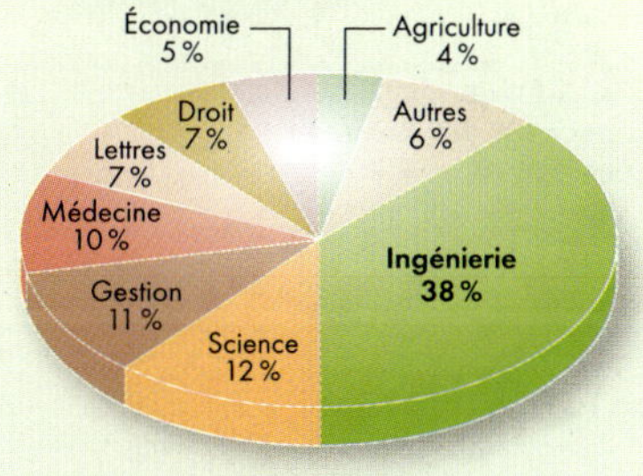


Source : Bureau national des statistiques, 2006.

# SANTÉ, STRUCTURES DE SOINS ET ÉPIDÉ

**Alors que le régime avait amélioré les conditions sanitaires pour l'ensemble de la population grâce aux structures d'assistance collective mises en place dès les années 1950, les réformes, une logique de privatisation des services et les nouvelles disparités socio-spatiales aggravent les inégalités face à l'accès aux soins. 50 % de la population urbaine et 80 % des habitants des zones rurales ne bénéficient plus d'aucune couverture médicale ; 70 % des dépenses de santé publique sont affectées aux villes. Plus encore que l'éducation, la question de la santé révèle les contradictions de la transition accélérée que connaît aujourd'hui la Chine.**

## ÉVOLUTION DE L'ENCADREMENT MÉDICAL

**Nombre et densité de médecins**

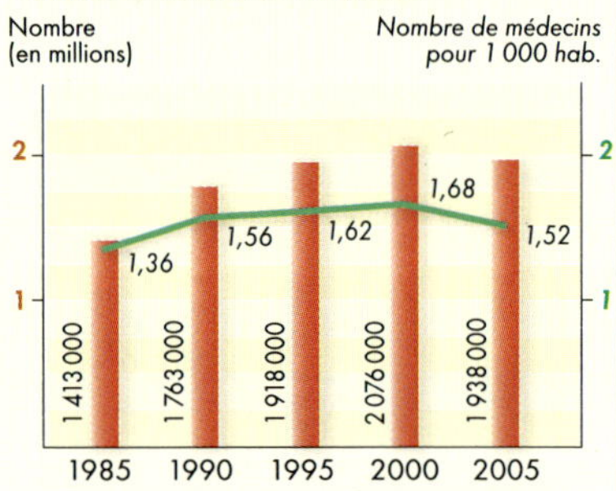


Source : Bureau national des statistiques, 2006.

« *Des études anthropologiques ont montré que les patients, quand ils ont le choix, ont recours souvent sans exclusive aux médecines occidentale et chinoise.* »

Frédéric Obringer, *Le Dictionnaire de la Chine contemporaine.*

## Les maladies urbaines

La société urbaine chinoise connaît une transition en termes de santé qui est logiquement liée à son enrichissement global, à ses nouveaux rythmes et modes de vie. Les maladies chroniques (maladies cardio-vasculaires, cancers) deviennent ainsi de plus en plus fréquentes, devant les maladies infectieuses. Un regain de la tuberculose et la diffusion du sida inquiètent toutefois les autorités sanitaires.

## INÉGALE DENSITÉ DE L'ENCADREMENT MÉDICAL

Source : Bureau national des statistiques, 2006.

# MIES

## Un système de santé à plusieurs vitesses

**L'OPPOSITION VILLE-CAMPAGNE.** Les inégalités dans les politiques de santé publiques depuis le lancement des réformes, notamment dans les années 1990, s'aggravent en fonction des territoires, des capacités locales d'investissements et des populations touchées. Elles opposent nettement les villes aux campagnes. Les plus grandes villes proposent des services de santé dont la qualité les rapproche de ceux des pays développés, même si les coûts sont très élevés. Dans certaines régions rurales, on observe au contraire une dégradation marquée des conditions sanitaires, avec des médecins insuffisamment formés.

**L'INÉGAL ACCÈS AUX SOINS.** L'accès aux soins dépend du statut économique des malades. Ceux qui demeurent employés par des administrations publiques et des entreprises d'État conservent les avantages des anciennes unités de travail et donc d'une assurance maladie. Ils sont mieux et plus souvent soignés que les employés contractuels et leur famille, qui doivent financer eux-mêmes les frais médicaux.

**LE RENCHÉRISSEMENT DES SERVICES SANITAIRES.** Les hôpitaux manquent d'aides publiques et les restrictions budgétaires les poussent à assurer une large part de leurs revenus avec la vente de médicaments, fournis, comme les soins, au prix fort : les prix de détail des médicaments peuvent atteindre vingt fois le coût de production. Les médecins, insuffisamment payés, en prescrivent exagérément pour augmenter leurs revenus. Des structures privées, comme des cliniques, se multiplient, mais elles ne sont accessibles qu'aux couches sociales les plus aisées.

**LA FAILLITE RURALE.** La moitié de la population rurale n'a pas les moyens de se faire soigner. Les pratiques informelles veulent pallier cette faillite des structures sanitaires, mais elles favorisent aussi les épidémies. Des centaines de milliers de personnes sont ainsi mortes, après la réutilisation de seringues sans mesure de désinfection.

## SRAS et grippe aviaire, deux autres risques épidémiques

Le SRAS et la grippe aviaire, deux maladies infectieuses épidémiques, touchent la Chine, donnant l'image d'un État qui peut être un foyer épidémique mondial mais dont les logiques de censure entravent la réactivité sanitaire.

**LE SRAS.** Le syndrome respiratoire aigu sévère est dû à un nouveau coronavirus, dont le réservoir se trouve chez des mammifères comme la civette. Il est apparu dans le sud de la Chine en 2002. L'épidémie s'est rapidement étendue et a fait plusieurs centaines de victimes. La diffusion du SRAS a révélé les insuffisances du système de veille épidémiologique chinois. Le ministre de la Santé a été limogé et d'importants crédits ont été destinés à la création d'un vrai réseau de surveillance.

**LA GRIPPE AVIAIRE.** Depuis quelques années, la Chine subit aussi une grave épizootie de grippe aviaire. Les premiers cas de transmission de ce virus à l'homme sont apparus à Hong Kong en 1997, avec 18 cas humains d'infection et 6 morts. Début 2006, plusieurs cas mortels ont frappé la Chine continentale et les risques que cette épizootie se transforme en pandémie demeurent.

### LES CAUSES DE DÉCÈS

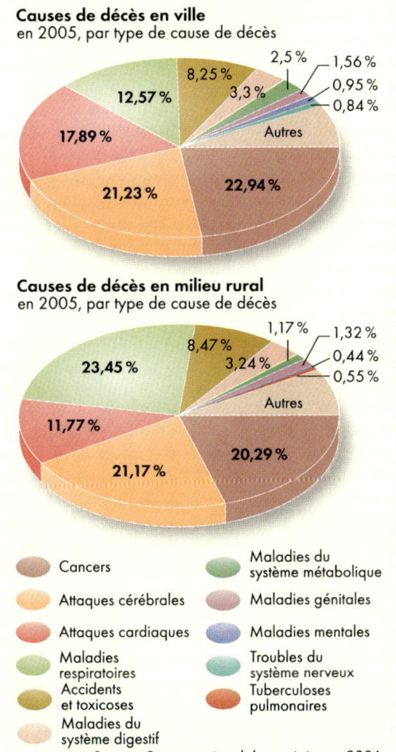

Source : Bureau national des statistiques, 2006.

## Le sida

L'épidémie de sida est devenue un problème majeur de santé publique. Il y avait 650 000 séropositifs dans le pays en 2005 et 70 000 nouveaux cas pour cette seule année. Des régions sont particulièrement touchées, ainsi que des groupes sociaux spécifiques.

Dès la fin des années 1980, quelques cas apparaissent. C'est toutefois dans la décennie suivante que le pays est véritablement touché. Les héroïnomanes des zones frontalières du Yunnan et du Xinjiang sont infectés et la maladie gagne ensuite les autres provinces. La diffusion de l'épidémie est désormais continue et croissante.

Les raisons principales sont l'injection de drogues par voie intraveineuse et la prostitution. Une des causes a pu également être le commerce de sang, comme chez des paysans du Henan, dont l'infection a tenu dans la réinjection de globules rouges sans contrôle sérologique préalable. Aujourd'hui, à partir des groupes à hauts risques, l'épidémie commence à se propager dans la population en général. Le nombre d'infections par voie sexuelle connaît une augmentation exponentielle. En 2004, le cinquième des contaminations était contracté par voie hétérosexuelle et le dixième par voie homosexuelle. Les populations les plus vulnérables sont pauvres, mobiles, elles n'accèdent pas au système de soins public, comme les migrants dans les villes ou plus largement les ruraux.

Une politique de prévention et d'information est développée par les autorités, notamment depuis 2004. Elle est pilotée par un Comité national du sida, sous la tutelle directe du gouvernement central. L'accès au préservatif est désormais promu par les organisations engagées dans la lutte contre l'épidémie. Des traitements sont mis en place et les personnes infectées prises en charge. La gratuité des antirétroviraux a été annoncée pour les plus nécessiteux et celle de l'ensemble des médicaments pour les femmes enceintes séropositives. Malgré tout, les tabous restent forts et les malades ne sont que trop souvent rejetés par la société.

***Les dérégulations issues des réformes entraînent actuellement un fort développement de la criminalité. Mais État chinois et criminalité peuvent aussi entretenir une relative porosité. Les structures d'autorité confondent de facto l'État et le Parti communiste. Aucune force politique, économique ou régionale n'émerge en dehors des cadres officiels. Le politique a par ailleurs pris intégralement en charge l'économique jusqu'aux années 1980. Aujourd'hui, les instances étatiques centrales, provinciales ou locales restent des acteurs directs ou indirects du développement économique. D'où de multiples dérives : abus de pouvoir, corruption, collusions.***

## LES SOCIÉTÉS SECRÈTES ET LEURS IMPLANTATIONS MONDIALES

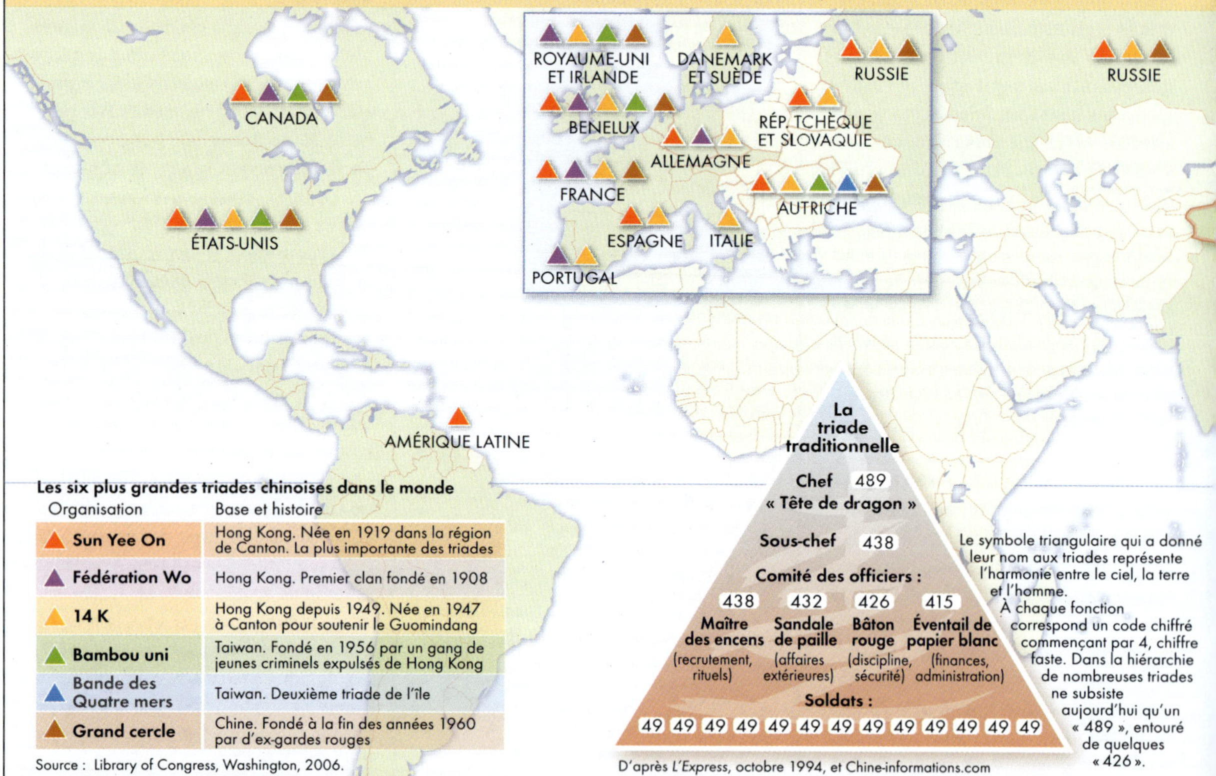


Le symbole triangulaire qui a donné leur nom aux triades représente l'harmonie entre le ciel, la terre et l'homme. À chaque fonction correspond un code chiffré commençant par 4, chiffre faste. Dans la hiérarchie de nombreuses triades ne subsiste aujourd'hui qu'un « 489 », entouré de quelques « 426 ».

D'après *L'Express*, octobre 1994, et Chine-informations.com

**Les six plus grandes triades chinoises dans le monde**

| Organisation | Base et histoire |
|---|---|
| Sun Yee On | Hong Kong. Née en 1919 dans la région de Canton. La plus importante des triades |
| Fédération Wo | Hong Kong. Premier clan fondé en 1908 |
| 14 K | Hong Kong depuis 1949. Née en 1947 à Canton pour soutenir le Guomindang |
| Bambou uni | Taiwan. Fondé en 1956 par un gang de jeunes criminels expulsés de Hong Kong |
| Bande des Quatre mers | Taiwan. Deuxième triade de l'île |
| Grand cercle | Chine. Fondé à la fin des années 1960 par d'ex-gardes rouges |

Source : Library of Congress, Washington, 2006.

## Le regain des sociétés secrètes

**DES GROUPES « PATRIOTIQUES ».** Le crime organisé se développe également dans les années 1990. Alors que le pouvoir communiste avait éliminé les sociétés secrètes à son arrivée au pouvoir, il les qualifie de « patriotiques » à l'heure de l'ouverture et à l'approche de la rétrocession de Hong Kong. La Chine continentale est alors massivement pénétrée par les triades de la colonie britannique et de Taiwan, notamment la 14 K, le gang des Bambous unis et celui des Quatre Mers.

**UNE DIVERSITÉ D'ACTIVITÉS.** Ces réseaux mafieux, bien implantés dans le Guangdong et le Fujian, rayonnent à des échelles nationale, transnationale et mondiale. Plus localement, des groupes criminels peuvent s'ajouter à eux. Autant d'organisations, dépendantes, alliées ou concurrentes, dont les activités sont le jeu, la drogue, la contrebande, l'industrie du sexe, le trafic d'êtres humains et l'immigration illégale, mais qui peuvent aussi évoluer dans des activités licites.

**UN POUVOIR ÉCONOMIQUE CONTRE L'ÉTAT.** Ces activités constituent une économie criminelle, dont le blanchiment des profits annuels représenterait entre 2 et 5 % du produit intérieur brut. Une telle puissance économique permet à ces organisations criminelles de neutraliser une

LE TRAFIC DE DROGUES DU TRIANGLE D'OR

Source : Pierre-Arnaud Chouvy, geopium.org, 2003.

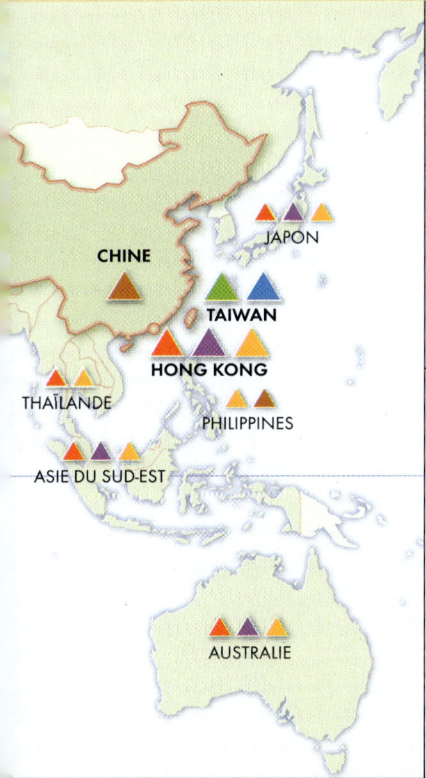


## La drogue

Trafic et consommation de drogue connaissent une forte augmentation. Il y aurait 7 millions de consommateurs, dont des jeunes, des chômeurs et des migrants. Les drogues sont l'héroïne, l'ecstasy, la kétamine. La marijuana est présente au Xinjiang et dans les villes côtières, la péthidine dans le Nord-Est. L'héroïne vient du Triangle d'or, l'opium, la marijuana et la cocaïne de l'Afghanistan et du Pakistan.

## Migrations et précarité urbaine

La criminalité augmente fortement depuis les années 1990. Une de ses formes tient à la présence de nombreux migrants dans les villes. Un fossé grandissant existe entre la précarité sociale de ces derniers et l'essor économique des couches urbaines. De nombreux délits sont commis par une population sous-scolarisée. Environ un quart des écoliers n'ont pas été plus loin que l'école primaire dans les années 1980.

partie de l'appareil d'État, notamment à l'échelle locale.

**LES RÉACTIONS DU POUVOIR CENTRAL.** L'État central est contraint de réagir contre des collusions entre organisations criminelles et autorités locales, qui disposent aussi des institutions de police et de justice. Les cas les plus graves sont dénoncés, publiquement jugés et punis – parfois jusqu'à l'exécution capitale des cadres criminels.

> *Collusion et corruption sont d'abord les effets de l'immense système de relations qui fait fonctionner la société et la politique chinoises, et qui en constitue même une sorte de deuxième monnaie*
>
> JEAN-LUC DOMENACH, *OÙ VA LA CHINE ?*

## La corruption, fruit des réformes ?

La transition économique implique la conversion des actifs publics suivant les lois du marché. Les autorités publiques, hier détentrices exclusives de l'outil productif chinois et disposant dans les faits des terrains tant urbains – propriété de l'État – que ruraux – propriété collective –, sont ainsi traversées par des logiques de corruption.

Dans les années 1980, les cadres pouvaient profiter du différentiel entre les prix administrés et les prix du marché dans l'allocation des ressources matérielles et financières. Depuis la relance des réformes en 1992, le champ de la corruption s'étend aux actifs fonciers, immobiliers, industriels et financiers, dans un contexte de privatisation du logement et de diversification des acteurs intéressés par le renouvellement urbain.

Le pouvoir central a du mal à clarifier légalement les droits de propriété. Des détournements par certains cadres en termes de propriété industrielle, des abus de pouvoir au niveau des bureaux municipaux du foncier ou de l'aménagement urbain, en lien avec des investisseurs privés et des promoteurs immobiliers ont amené à des scandales retentissants.

Ces scandales ont été sanctionnés par des procès et de lourdes condamnations – parfois des exécutions capitales –, non sans toutefois instrumentalisation politique entre courants opposés au sein du Parti communiste comme les chutes successives de hauts responsables de grandes villes l'ont montré. Le vice-maire de Pékin chargé des Jeux olympiques est ainsi tombé pour abus de pouvoir en 2006, quand le maire et secrétaire du Parti communiste de Shanghai a été destitué la même année pour avoir détourné les dépôts de la caisse municipale des retraites.

# ENCADREMENT SOCIAL ET RÉPRESSION

***Le département de la propagande, rebaptisé département de la publicité, dépend du comité central du Parti communiste. Il indique régulièrement à la presse les thèmes à ne pas traiter et les auteurs à ne pas publier. Les emprisonnements de journalistes se poursuivent et entraînent une autocensure des médias. L'expression par Internet est également surveillée. Le régime communiste garde ainsi les moyens d'un contrôle général de la société, allant d'un encadrement social maintenu à une échelle très locale jusqu'à la répression physique. Il a violemment réprimé les manifestations populaires de juin 1989 comme les membres du Falungong dix ans plus tard.***

### LES FONCTIONS DU COMITÉ DE RÉSIDENTS

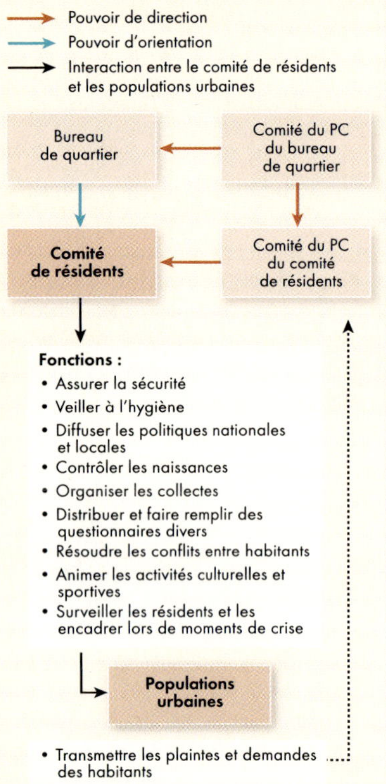


## Les camps de travail

Il y a deux types de centres de détention en Chine : les prisons et les camps de réforme par le travail (*laogai*), relevant du ministère de la Justice, les camps de rééducation par le travail (*laojiao*), dépendant de la Sécurité publique.

**LES LAOGAI.** Les prisons urbaines et les *laogai*, situés à la campagne, comprennent des prisons pour les détenus condamnés à une peine de six mois à vingt ans et des maisons d'éducation pour des condamnés mineurs. L'objectif des *laogai* est de réformer les détenus par le travail. On estime le nombre de prisonniers à 8 millions. Ces centres recourent à la torture et à des traitements dégradants.

**LE LAOJIAO.** Le *laojiao* relève de seules sanctions administratives imposées par la Sécurité publique à des personnes de plus de seize ans ayant commis des délits mineurs. La durée d'internement ne peut excéder quatre ans. Il y aurait 300 000 prisonniers dans 300 camps. Les prisonniers seraient des drogués, des prostituées et leurs clients, ou de petits délinquants. Un nombre important d'adeptes du Falungong auraient été internés dans les *laojiao*, hier centres de détention des « droitiers ».

Aujourd'hui, *laogai* comme *laojiao* utilisent les prisonniers surtout à des fins économiques.

## Un encadrement de proximité

Les comités de résidents, définis par une loi de 1954, sont présentés comme des organisations « populaires et autonomes », mais ils dépendent *de facto* du bureau de quartier. Leurs membres, entre trois et neuf personnes, relaient auprès de la population citadine les politiques nationales ou locales. Ils transmettent aussi les plaintes ou demandes des habitants aux échelons administratifs supérieurs.

## La répression de Tian'anmen

Les événements du printemps 1989 terminent une période de transition post-maoïste. Les étudiants, notamment pékinois, ont été soutenus par des populations urbaines mécontentes de l'inflation, de la non-amélioration de leur situation et de la corruption des cadres.

Hu Yaobang puis Zhao Ziyang sont favorables à une démocratisation. La mort du premier, le 15 avril, provoque des rassemblements estudiantins place Tian'anmen. Des étudiants entament une grève de la faim le 13 mai. La loi martiale est proclamée le 20 mai. Le mouvement s'étend à toutes les grandes villes de Chine. L'armée vide les artères de Pékin dans la nuit du 3 au 4 juin : 1 000 morts, dont environ 300 militaires. Zhao Ziyang, qui était allé à la rencontre des étudiants, est destitué et une répression policière générale est lancée.

# POLITIQUE

« *La République populaire de Chine enregistre toujours un nombre d'exécutions judiciaires supérieur à celui de tous les autres pays du monde réunis.*
AMNESTY INTERNATIONAL. »

## Le Falungong

Le Falungong, fondé par Li Hongzhi en 1992, est issu d'un mouvement s'appuyant sur le *qigong*, une forme modernisée d'entraînement du souffle. Il prétend permettre l'accès à la « grande loi » cosmique grâce à cinq séries de postures gymniques et de méditation.

Le Falungong est dénoncé comme une pseudo-science en 1996 et les ouvrages de Li Hongzhi sont interdits. Mais ce mouvement répond aux besoins physiques et moraux d'une population souvent urbaine et âgée, notamment dans le Nord-Est. Quelques dizaines de millions d'adeptes résistent et 10 000 d'entre eux entourent Zhongnanhai, le siège du pouvoir à Pékin, le 25 avril 1999.

Une répression féroce s'ensuit. Les dirigeants du Falungong, sauf Li Hongzhi, qui est aux États-Unis, sont emprisonnés et des milliers d'activistes envoyés dans des *laojiao*.

## Internet et la répression des internautes

L'Internet connaît une véritable explosion depuis la seconde moitié des années 1990. Il y avait 100 millions d'internautes en Chine en 2005. La plupart sont présents dans les grandes villes littorales. Des moteurs de recherche chinois existent comme Baidu. Les forums d'expression et les blogs se multiplient. Ces derniers deviennent un moyen privilégié d'expression individuelle.

Mais la censure chinoise a établi des pare-feu pour bloquer l'accès à des sites étrangers ou chinois dits sensibles, comme des sites où sont évoquées les questions de la démocratie, du Falungong ou du Tibet. 30 000 fonctionnaires sont constamment chargés de surveiller le contenu des échanges et des informations circulant sur Internet. Plusieurs dizaines d'internautes sont aujourd'hui en prison.

## LES *LAOGAI* ET LA RÉPRESSION PAR LES CAMPS

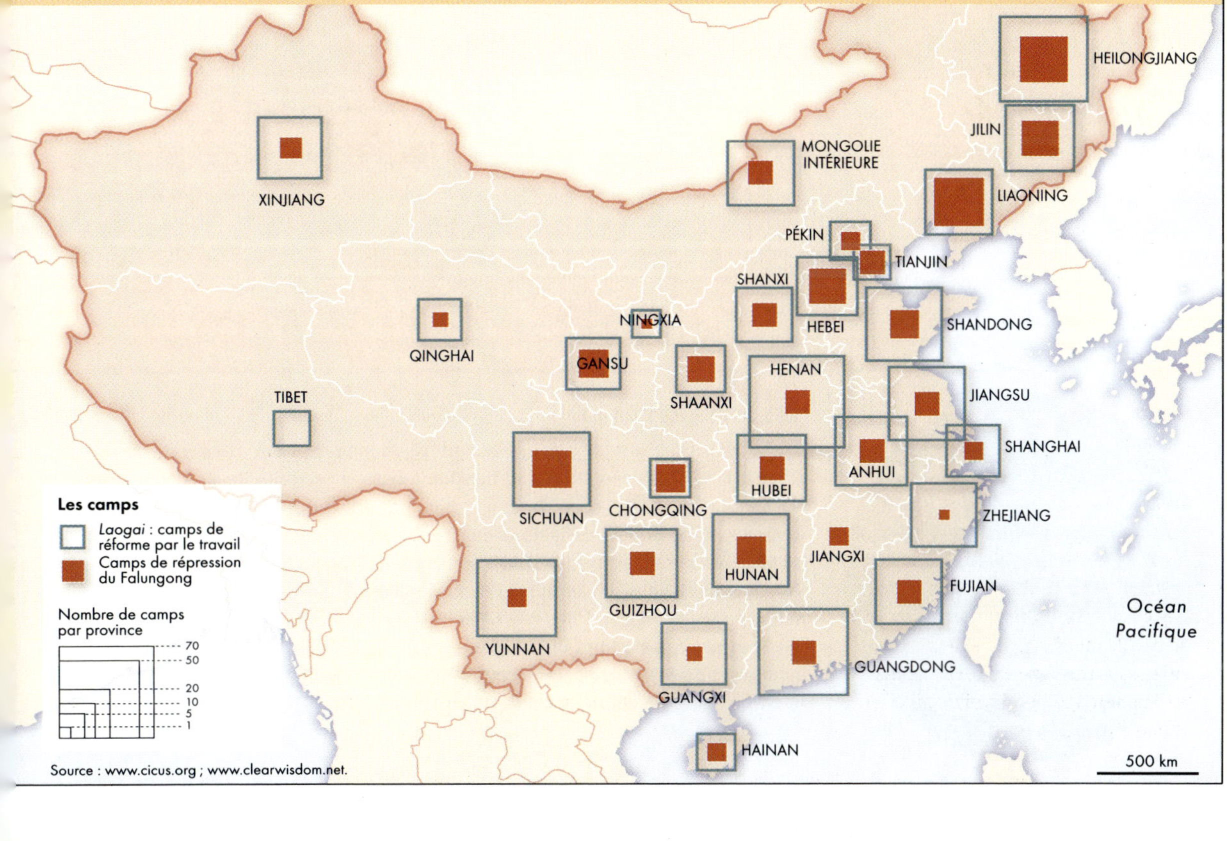


Source : www.cicus.org ; www.clearwisdom.net.

# TEMPS DES LOISIRS ET DU TOURISME

**Les valeurs liées à l'économie de marché, les changements dans les modes de vie, l'essor d'une société de consommation et un enrichissement global du monde urbain aboutissent, après quinze ans de réformes accélérées, à une volonté de mieux-être. Chez eux, les foyers chinois s'équipent d'un matériel hi-fi. Les jeux, les activités culturelles et récréatives, de nouvelles pratiques comme le bricolage les occupent. Cette évolution a été permise par une législation limitant le temps de travail hebdomadaire et étendant les périodes de congé aux « trois semaines en or ». Elle a entraîné un développement important des services et des structures touristiques.**

## LES PRINCIPALES DESTINATIONS TOURISTIQUES EN CHINE

> *L'Organisation mondiale du tourisme des Nations unies a prévu que la Chine dépasserait les États-Unis pour devenir la plus grande destination touristique du monde en 2020.*
>
> FRANCESCO FRANGIALLI, SECRÉTAIRE GÉNÉRAL DE L'OMT.

## Les semaines en or

La législation chinoise a procédé à un réaménagement du temps de travail. Le 1er mai 1995, la durée du travail hebdomadaire est réduite de 44 à 40 heures. Le 18 septembre 1999, trois jours de congé par an sont instaurés : la fête du printemps – correspondant à la deuxième lune après le solstice d'hiver –, le 1er mai ou la fête du Travail, et le 1er octobre ou la fête nationale. Ils sont à l'origine de trois longs congés de sept jours, les fêtes en question se combinant aux deux week-ends qui les encadrent. Ces périodes de congé sont appelées les trois « semaines en or » (*huangjin zhou*), car elles représentent des saisons touristiques de pointe, avec des migrations très importantes : plus de 185 millions de voyages par train ou autocar ont été comptabilisés au nouvel an en 2004.

## LE TOURISME ÉTRANGER EN CHINE

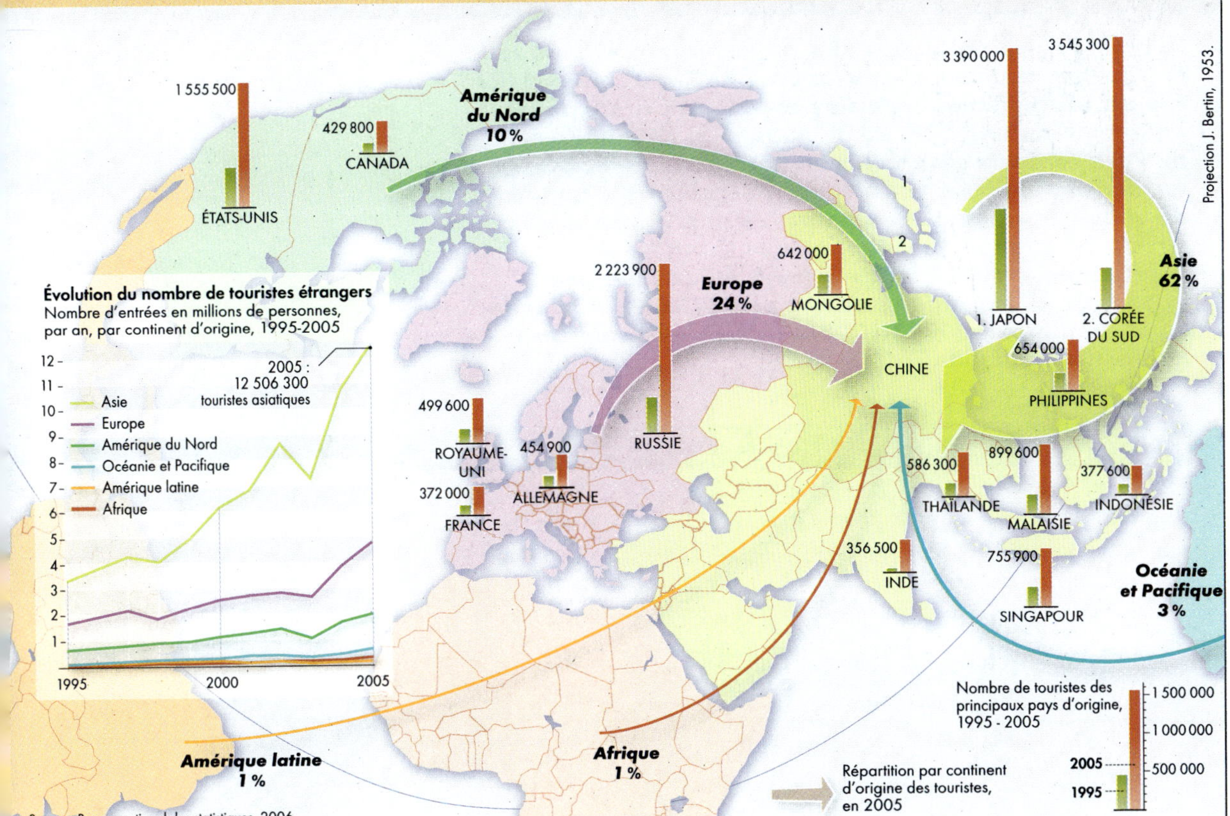


Source : Bureau national des statistiques, 2006.

## Vers une société de loisirs

Les Chinois s'orientent aujourd'hui vers une société de loisirs. Ils disposent de plus de temps libre que dans le passé et l'ascétisme révolutionnaire a disparu de leurs valeurs. La télévision, la lecture, la musique, les jeux de cartes, de mah-jong, les jeux électroniques ou sur Internet sont très répandus. Le karaoké est devenu un loisir ordinaire. Les générations âgées privilégient des pratiques plus anciennes comme le *taijiquan*, les échecs, le soin aux plantes ou les danses folkloriques, quand les riches peuvent s'adonner au tennis, au golf ou aux courses de chevaux. La prostitution et de nombreuses activités liées au sexe se sont fortement développées et s'adressent indifféremment à toutes les couches de la société.

Les exercices corporels comme le *qigong* restent aussi très pratiqués le matin et le soir dans les lieux publics, places ou parcs des villes, ou dans les espaces collectifs des communautés résidentielles. Des installations récréatives pour les personnes âgées y ont été notamment multipliées depuis la fin des années 1990.

Des nouvelles fêtes, d'origine occidentale, comme Noël et la Saint-Valentin s'ajoutent enfin aux temps de festivités chinois pour les jeunes citadins.

### LE TOURISME INTÉRIEUR

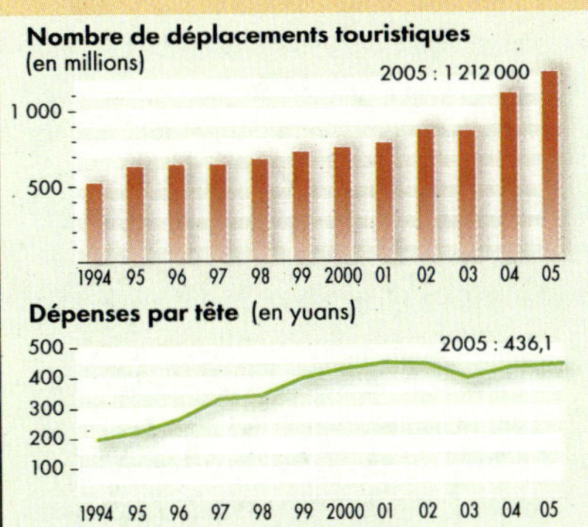


Source : Bureau national des statistiques, 2006.

## L'explosion du tourisme chinois

Le tourisme intérieur s'est fortement développé ces dernières années. Il est la principale ressource touristique du pays, avec plus d'un milliard de touristes chinois qui ont visité leur pays en 2004. Ceux-ci voyagent souvent en tours organisés par des agences spécialisées. Leurs déplacements sont essentiellement concentrés sur les trois « semaines en or ». Ils privilégient les grandes villes de la côte et les lieux célèbres de l'histoire chinoise, même si les autorités les encouragent aussi à voyager dans les régions occidentales.

Les Chinois peuvent enfin plus facilement voyager à l'étranger et les pays destinataires – comme la France – y voient une très ample occasion de redévelopper leur secteur touristique. La Chine sera le quatrième pays fournisseur de touristes dans le monde en 2020.

# LES LIEUX DE L'OUVERTURE

**La politique de « réformes et d'ouverture » prolonge celle des quatre modernisations lancée par Zhou Enlai en 1975. Elle est officiellement adoptée avec le retour au pouvoir de Deng Xiaoping, lors du 3e plénum du XIe comité central du Parti communiste chinois en décembre 1978. Les trente années qui ont suivi ont été incontestablement un temps de bouleversements et de renouvellements profonds des structures économiques, sociales et spatiales de la Chine. Pour autant, trois périodes doivent être distinguées : la période de transition post-maoïste (1978-1992), celle de la refondation (1992-2002) et celle de la puissance mondialisée (depuis 2002).**

## LES ÉTAPES DE L'OUVERTURE CHINOISE

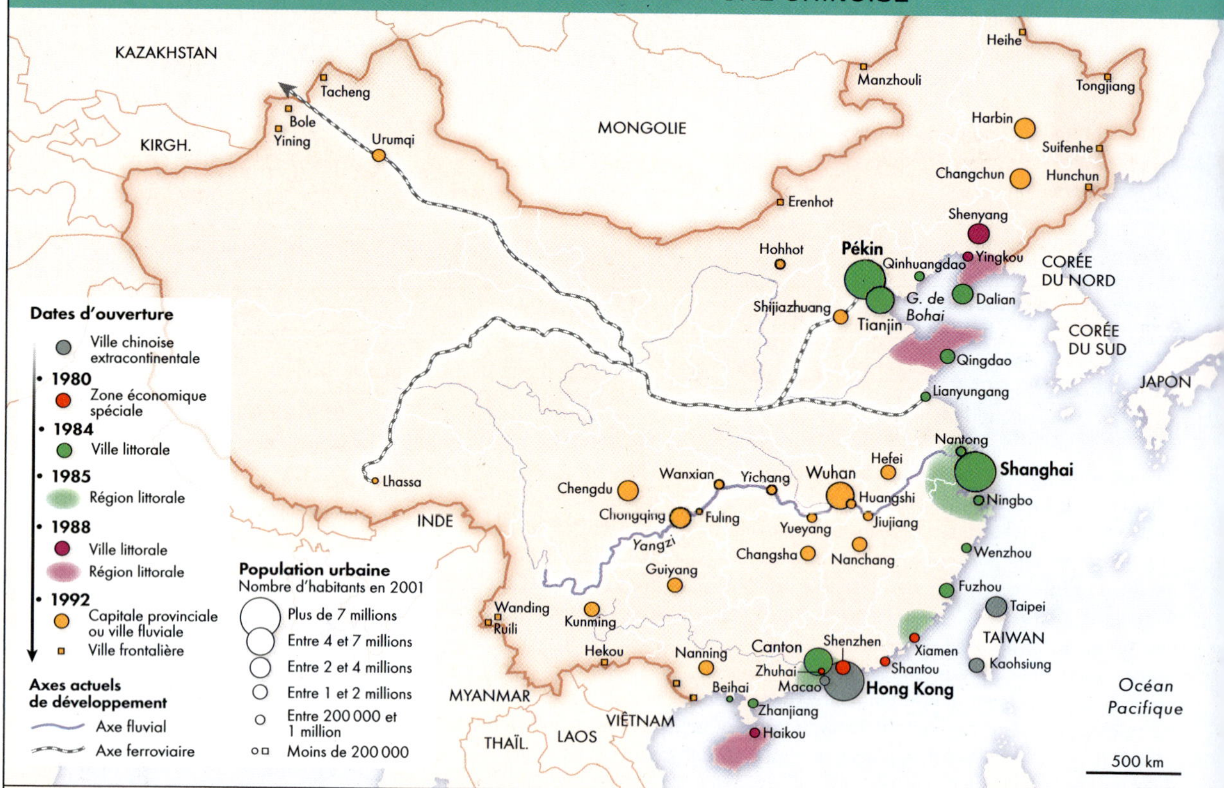


## La transition post-maoïste

Les principales politiques du gouvernement central, sous le sceau des « réformes et de l'ouverture » à la fin des années 1970, consistent en une décollectivisation des terres et une responsabilisation familiale de la production agricole, ainsi qu'une décentralisation des pouvoirs de décision économique au profit des provinces, municipalités, districts et bourgs. Les premières provinces concernées sont le Guangdong et le Fujian, au sud de la Chine et liées à la diaspora chinoise. Jusqu'au milieu des années 1990, le Sud accumule une forte avance par son attractivité envers les investissements étrangers, sa relative autonomie économique et de forts taux de croissance.

En 1980, le gouvernement central y crée quatre zones économiques spéciales : trois dans le Guangdong et une dans le Fujian.

En 1984, quatorze villes côtières, dont Canton, Wenzhou et Shangai, sont autorisées à créer leur propre zone de développement économique et technique ouverte aux investisseurs étrangers.

En 1985, trois régions littorales sont ouvertes. Le gouvernement central reconnaît le développement des entreprises industrielles rurales et les renforce dans leur accueil de capitaux étrangers, leur production de biens de consommation à vocation exportatrice et leur insertion dans l'économie mondiale.

En 1988, toutes les villes littorales sont

## La refondation chinoise

Les années 1990 sont un tournant déterminant. Dans un pays désormais ouvert, mais où les logiques de développement local ont aggravé les disparités régionales, l'État central et les grandes villes reprennent l'initiative. Tout en relançant les réformes désormais orientées vers la construction d'une « économie socialiste de marché » en 1992, l'État s'engage dans une politique d'aménagement du territoire à l'échelle nationale et l'Assemblée nationale populaire adopte le projet du barrage des Trois Gorges. La politique de développement de l'Ouest chinois vient compléter ce dispositif en 1999.
Les réformes progressives des entreprises d'État sont accompagnées d'une politique économique de privatisation suivant les règles du marché, d'une diversification des types d'entreprises et d'une décollectivisation urbaine. Elles touchent alors les domaines du travail, du logement et des structures d'assurance sociale. La ville devient le lieu de polarisation de l'activité économique et de son commandement.
La réussite économique de la Chine lui permet de devenir un des piliers économiques de l'Asie orientale et cette reconfiguration régionale se montre évidente lors de la crise asiatique en 1997-1998.

LES GÉANTS MONDIAUX DE LA DISTRIBUTION À PÉKIN

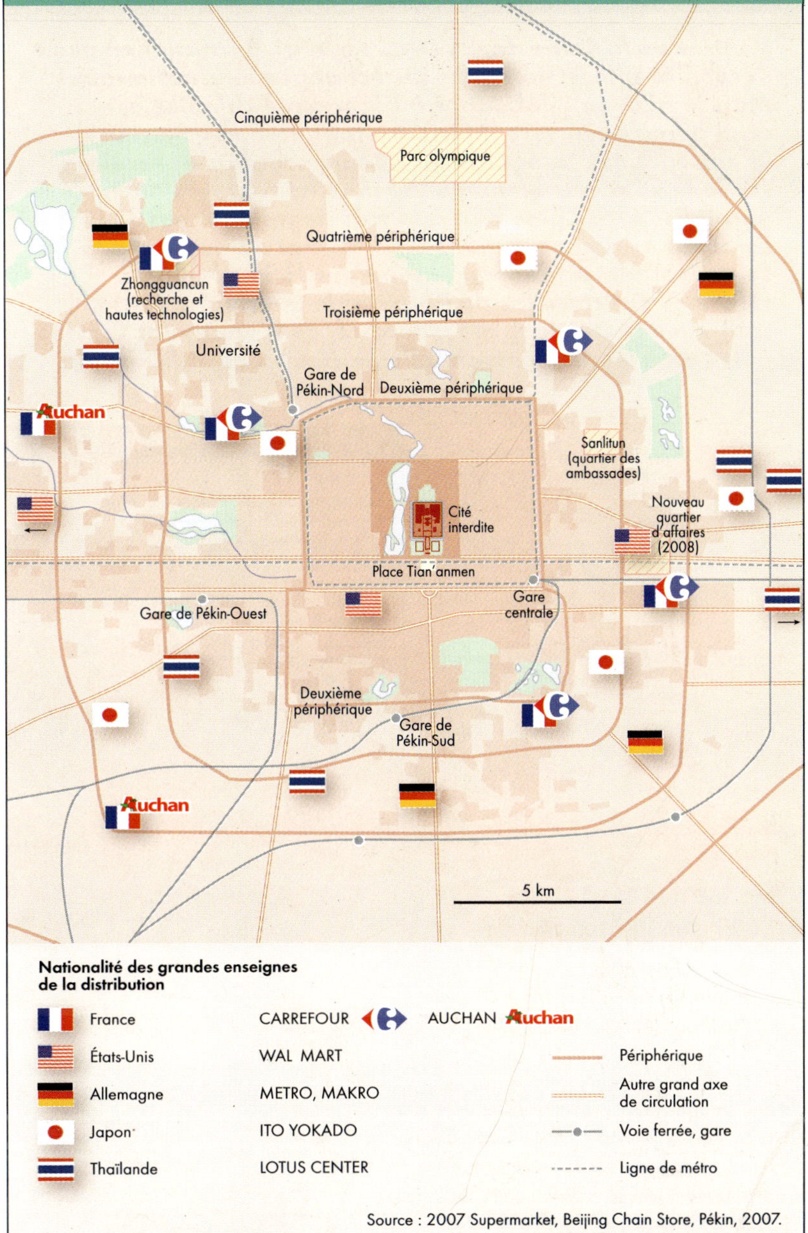


Source : 2007 Supermarket, Beijing Chain Store, Pékin, 2007.

ouvertes, ainsi que le golfe de Bohai et ses deux péninsules orientales, le Shandong et le Liaodong.
En 1992 sont ouverts la plupart des capitales provinciales, les ports fluviaux le long du Yangzi et nombre de villes frontalières témoins des dynamiques commerciales entre le Heilongjiang et l'Extrême-Orient russe, entre le Xinjiang et l'Asie centrale, et entre le Sud-Ouest et la péninsule indochinoise. À cette date, l'ensemble du territoire chinois est ouvert.

> « *La civilisation côtière est à la fois cosmopolite et nationaliste, libérale et éprise d'ordre, encline aux mobilisations populaires tout en demeurant élitiste. Le fleuron de la côte chinoise est Shanghai.* »
> MARIE-CLAIRE BERGÈRE, *LE MANDARIN ET LE COMPRADORE*.

## Une puissance mondialisée

En 2001, la Chine entre à l'OMC. L'année suivante, elle est le deuxième pays attractif pour les investissements directs étrangers et le Parti communiste devient un parti national suivant la doctrine des trois représentativités (forces productives, monde culturel moderne, peuple). La Chine se veut présente sur tous les continents afin de trouver des ressources naturelles pour sa croissance et des débouchés pour ses produits.

# UNE ÉCONOMIE MONDIALISÉE

***L'entrée de la Chine dans l'OMC en 2001 a sanctionné deux décennies d'insertion dans les échanges internationaux. Mais le nouveau défi lancé à l'économie chinoise est celui d'une ouverture intérieure tant aux investisseurs et entreprises étrangères qu'à leurs produits et services, sur la base d'une économie de marché toujours plus normalisée. La Chine doit à la fois augmenter ses contingents d'importations agricoles et abaisser ses tarifs. Le gouvernement central entend par là imposer des réformes structurelles de l'économie intérieure, lutter contre les protectionnismes locaux, en s'appuyant sur des pôles de croissance essentiellement urbains et littoraux.***

## LES FLUX D'IDE (INVESTISSEMENTS DIRECTS ÉTRANGERS)

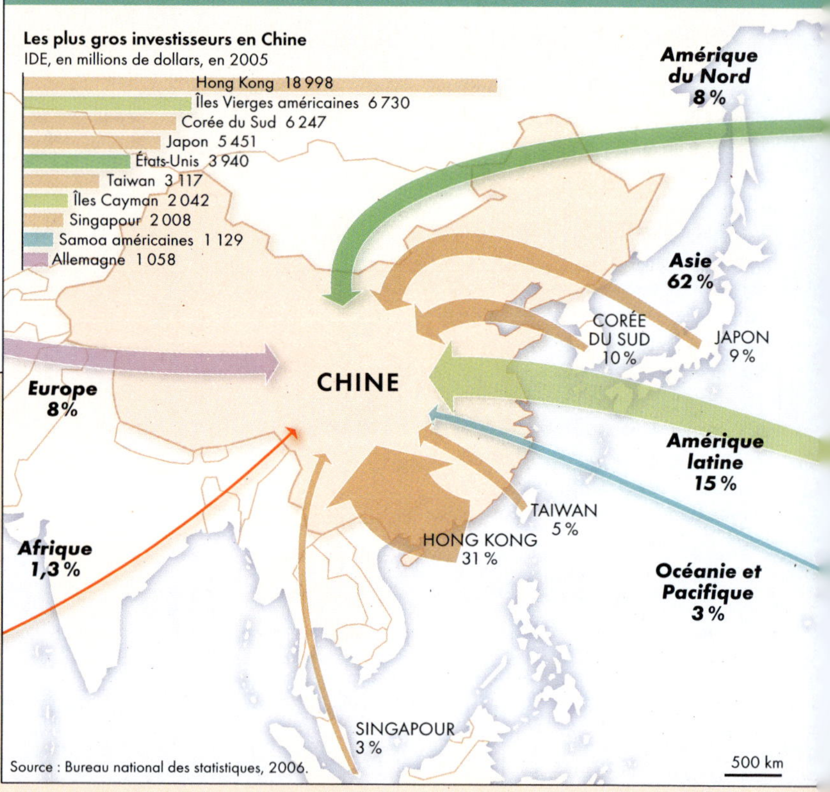

Source : Bureau national des statistiques, 2006.

## Les territoires de la mondialisation

L'intégration de la Chine au système économique mondial a entraîné une polarisation du développement chinois sur les métropoles littorales et plus largement les régions de la côte, une concentration plus inégale sur certaines grandes villes et provinces de l'intérieur, accusant le retard relatif des terres les plus enclavées. Six grands types régionaux peuvent être distingués en fonction de leur degré d'intégration.

**LES LIEUX DE LA MONDIALISATION.** Ils comprennent les trois grandes métropoles littorales (Shanghai, Tianjin et Pékin), ainsi que les provinces les plus précocement et fortement lancées dans les réformes économiques et l'ouverture (Guangdong, Jiangsu et Zhejiang).

**LES FRANGES EN VOIE D'INTÉGRATION.** Il s'agit des provinces littorales également inscrites dans un processus d'intégration au système économique mondial, mais qui ne disposent pas de pôles métropolitains dominants. Elles sont géographiquement plus enclavées (Fujian) ou excentrées (Hainan), ou se sont lancées plus tardivement dans les réformes (Shandong, Liaoning).

**LES PROVINCES INTERMÉDIAIRES.** Elles s'articulent aux foyers de développement que sont le delta du Yangzi (Hubei, Hunan) et les municipalités de Pékin et Tianjin (Hebei), ou qui profitent d'une ouverture frontalière continentale (Heilongjiang, Jilin). Elles restent toutefois pénalisées par des structures productives et des spécialisations économiques souvent vieillies et sont confrontées à la difficile réforme urbaine des entreprises d'État.

**LES TERRES ENCLAVÉES.** Elles enregistrent un développement franchement insuffisant. Elles sont intérieures, encore

## La Chine et la mondialisation

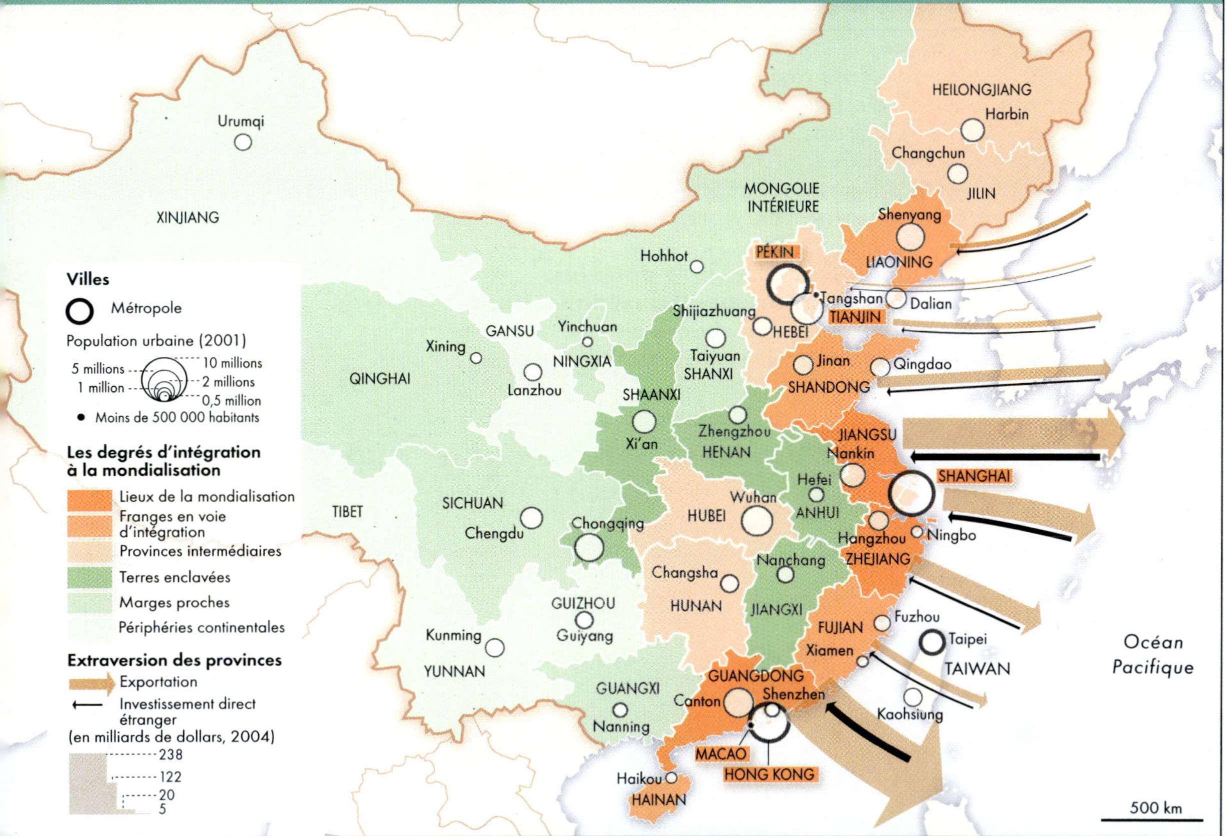


## Les secteurs de l'économie

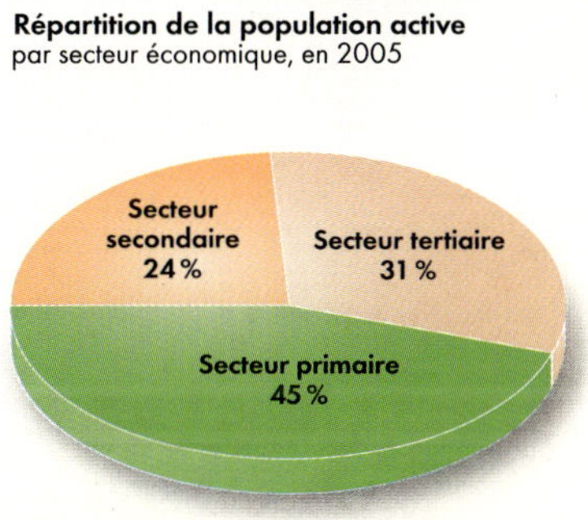


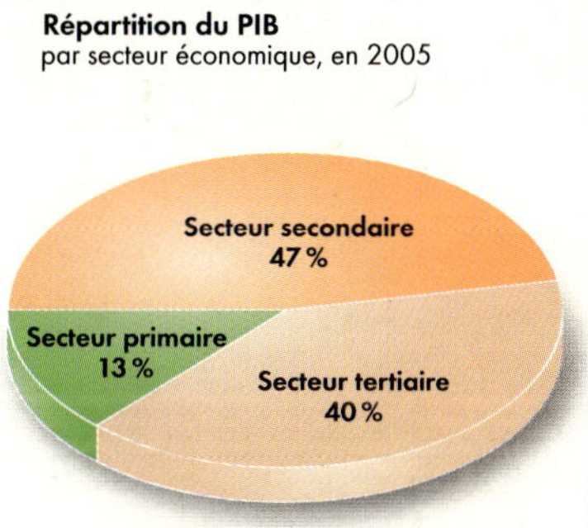


Source : Bureau national des statistiques, 2006.

mal reliées au dynamisme côtier, ce qui les empêche d'être des lieux significatifs de redistribution des activités depuis les pôles littoraux. Terres pour la plupart situées entre pôles littoraux et axes fluviaux de développement, le Jiangxi, le Shaanxi, l'Anhui ou le Henan font figure de poches de développement en attente.

**Les marges proches.** Elles sont situées dans le prolongement interne ou à la périphérie de la Chine historique des Han. Elles sont peu dynamiques, pénalisées par un fort poids des hommes (Shanxi, Sichuan, Ningxia et Guangxi) ou par des conditions géographiques défavorables (Qinghai, Mongolie intérieure).

**Les périphéries continentales.** Ces provinces sont en perte de vitesse. Il s'agit du Grand Ouest chinois (Xinjiang, Tibet, Gansu) et du Sud-Ouest intérieur (Yunnan, Guizhou).

> *« La vitesse de la Chine dans la réforme de ses entreprises, de son système bancaire et de son système fiscal aura des implications importantes sur l'économie de l'Asie et du monde comme de la Chine. »*
>
> Nicholas Lardy, *China's Unfinished Economic Revolution.*

# LE DÉVELOPPEMENT LOCAL

***Le développement chinois a une forte dimension locale, en raison des cloisonnements topographiques d'un espace par ailleurs continental, de fragmentations régionales accentuées par les sous-groupes linguistiques et des identités culturelles marquées, enfin d'un espace économique segmenté entre Nord et Sud, entre Chine des Han et périphéries extérieures, entre régions littorales, intérieures ou frontalières. L'essor contemporain s'est initialement concentré dans les campagnes ouvertes de la côte, où une industrialisation rurale a fait le succès du delta de la rivière des Perles, des régions du Fujian ou de Wenzhou, et du delta du Yangzi.***

## LE DELTA DE LA RIVIÈRE DES PERLES AU DÉBUT DES ANNÉES 1990

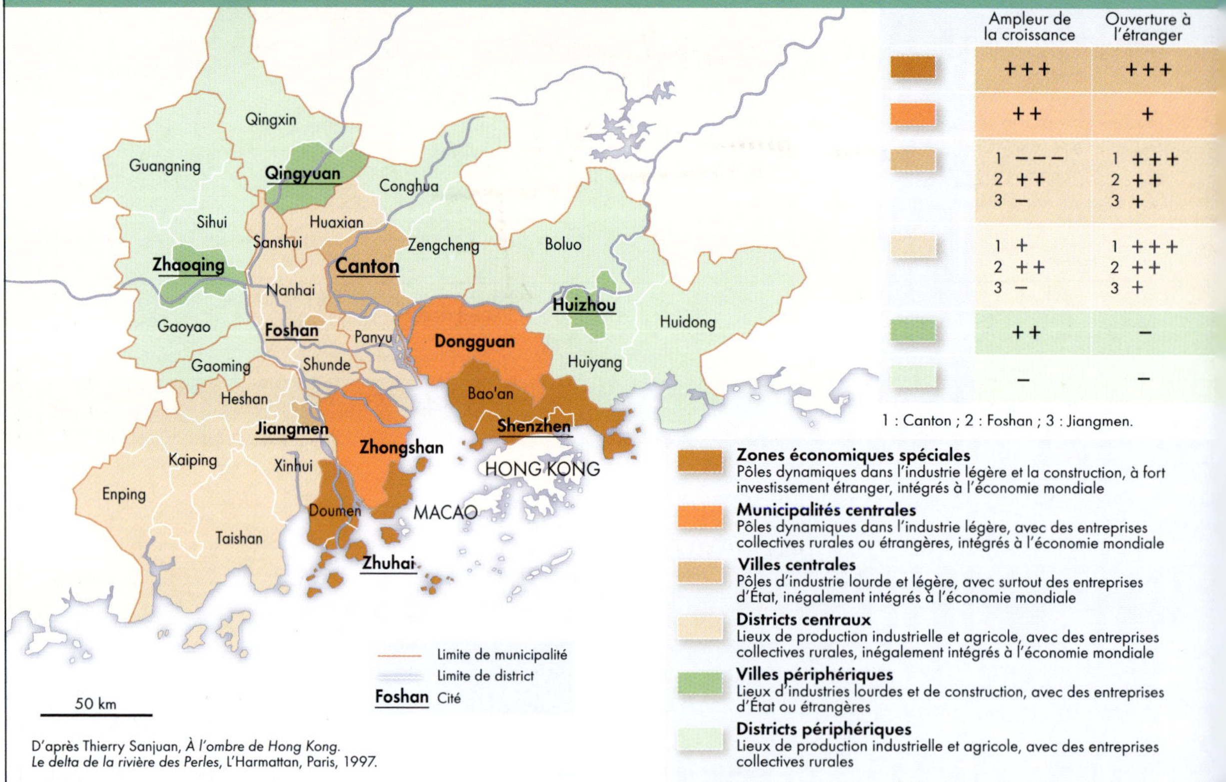


D'après Thierry Sanjuan, *À l'ombre de Hong Kong. Le delta de la rivière des Perles*, L'Harmattan, Paris, 1997.

## Les mégalopoles en constitution

Des mégalopoles d'échelle régionale comme les deltas de la rivière des Perles ou du Yangzi se constituent en lien avec l'industrialisation rurale et le maintien local de fortes densités démographiques. Les métropoles, les autres villes et les campagnes industrialisées y participent d'un même dispositif où les limites entre l'urbain et le rural deviennent floues. Les bourgs polarisent des espaces ruraux qui ne sont plus que faiblement agricoles et ils prennent l'aspect de petites villes. Ce processus spatio-économique relève largement, selon T. G. McGee, du modèle des « mégalopoles asiatiques », ou régions de *desakota* – terme venant des notions indonésiennes de *desa* (rural) et *kota* (urbain). Il se distingue de la mégalopole américaine par un exode rural absent ou faible, le développement non agricole des espaces ruraux, une complémentarité entre ces derniers et la ville, et l'apparition de formes mixtes.

## Le politique au cœur du développement local

**Le « pays natal ».** Les modes agrégés de distribution spatiale d'une population qui a toujours été nombreuse ont fait de l'échelle locale un lieu identitaire fort. Le « pays natal » (*laojia*) est une référence affective – et administrative – déterminante pour tout Chinois. Il permet de se situer par rapport aux autres, de s'intégrer à une communauté d'une même origine, même si elle est délocalisée dans une autre province ou à l'étranger, et d'utiliser des solidarités exclusives.Par « pays natal », il faut non seulement entendre le village où se trouve l'autel des ancêtres, mais aussi le pays où l'on parle tel dialecte, le district ou la province d'origine, voire la Chine. Il combine en fait des entités identitaires emboîtées, multiples et variables en fonction de l'interlocuteur du moment.

**L'encadrement politico-administratif du local.** L'encadrement local des populations est beaucoup plus serré depuis la substitution d'autorités politico-administratives communistes aux anciennes élites chinoises dans les années 1950. Le pouvoir se donne alors les moyens de contrôler l'individu tant au niveau de son travail que de sa résidence ou de ses besoins élémentaires. Un pouvoir administratif monopolise désormais à son profit l'économique et le social.

**Acteur politique et développement.** C'est dans ces structures d'autorité héritées que les réformes ont été progressivement appliquées après 1978. Les pouvoirs locaux bénéficient de la politique de décentralisation engagée par le gouvernement central et deviennent ainsi les acteurs principaux du dynamisme économique chinois. L'espace politico-administratif du Parti-État se distend et, si de nouveaux acteurs se développent dans ses interstices, ces derniers tendent le plus souvent à s'identifier ou à s'allier aux anciennes élites locales du régime socialiste.

**Les dérives localistes.** Les autorités locales jouent dès lors de l'ambiguïté des statuts fonciers, profitent des structures économiques dont elles héritent et mènent surtout des politiques productives et commerciales à courte vue. Elles se soucient rarement des choix des localités voisines, s'intègrent directement aux marchés urbains ou extérieurs sans aucune coordination régionale, développent des équipements disproportionnés par rapport à leurs besoins propres ou évacuent leurs déchets industriels en passant outre les injonctions environnementales des instances provinciales et centrales.

> « *Les collectivités locales à tous les niveaux de la hiérarchie administrative chinoise ont vigoureusement poursuivi la croissance économique et ont entrepris divers projets d'investissement.*
> Li Si-ming et Wong Koon-kwai, *Hérodote*, n° 125. »

### Industrialisation rurale et mutations spatiales : le delta de la rivière des Perles

Le delta de la rivière des Perles est la région littorale chinoise qui a connu les plus forts taux de croissance économique dans les vingt premières années des réformes. Il offre une image extrême des mutations spatio-économiques de la Chine contemporaine. Ces terres centrales du Guangdong en concentrent aussi les principaux pôles urbains, activités industrielles et infrastructures de transport.

Dans les années 1980, les caractéristiques du delta ont été bouleversées. Hier, la région se définissait par son orientation agricole, avec seulement quelques villes industrielles et commerciales comme Foshan. Les cultures traditionnelles (canne à sucre, arachide, riz), l'élevage du ver à soie ont désormais fortement reculé voire disparu. Les bourgs et villages ruraux se sont tournés vers des productions agricoles de valeur destinées aux citadins (volaille, légumes, fruits, fleurs), ou surtout vers la fabrication d'articles de consommation courante destinés aux marchés local, national et étranger. Le paysage rural du delta de la fin des années 1970 a laissé la place à un dense semis de petites villes et de bourgs, aux périphéries industrielles, résidentielles ou de loisirs en extension constante.

LA MÉGALOPOLE ASIATIQUE

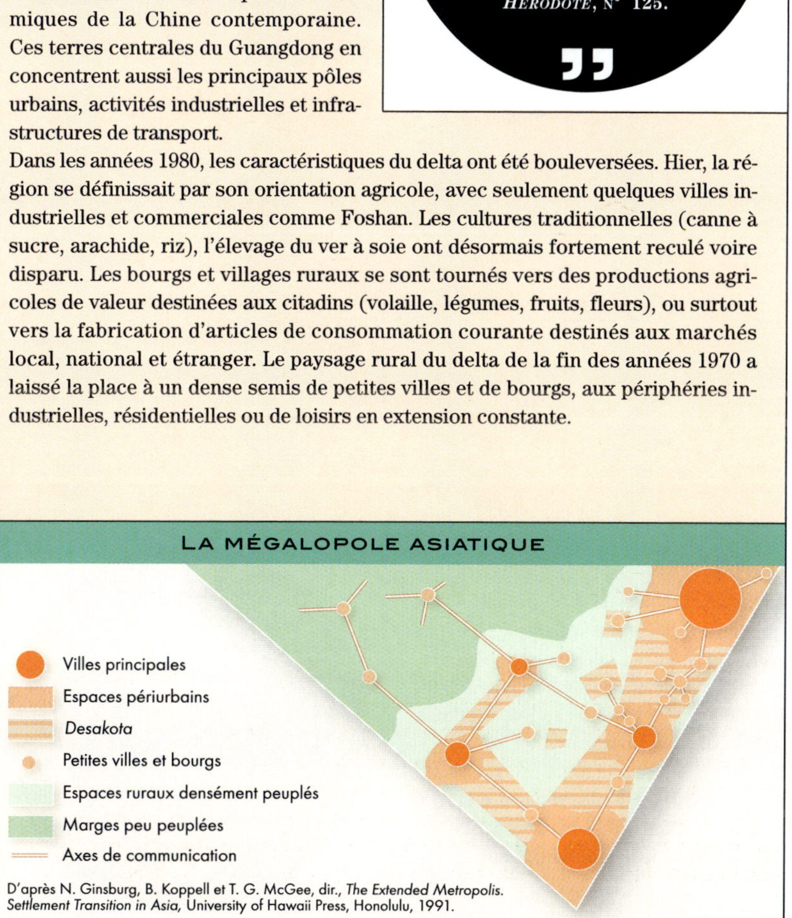


D'après N. Ginsburg, B. Koppell et T. G. McGee, dir., *The Extended Metropolis. Settlement Transition in Asia*, University of Hawaii Press, Honolulu, 1991.

# DES DISPARITÉS RÉGIONALES AUX RISQ

**Les logiques de développement local ont amené à un morcellement accentué du territoire chinois, avec des niveaux très disparates de modernisation et d'intégration à l'économie mondiale. Le premier défi posé au gouvernement chinois, malgré les réponses qu'il essaye d'apporter par ses politiques d'aménagement du territoire, est à l'évidence l'aggravation des disparités régionales. Celles-ci se traduisent en volumes de production, en degrés de développement urbain et humain, et en capacités d'attractivité envers les investisseurs chinois et étrangers. Une lecture, devenue aujourd'hui classique, oppose le littoral à l'intérieur et l'Ouest.**

## LA RÉPARTITION DU PRODUIT INTÉRIEUR BRUT

Source : Bureau national des statistiques, 2006.

## Pourquoi la Chine n'éclate-t-elle pas ?

L'hypothèse d'un prochain éclatement territorial dû à l'essor économique actuel souligne une disparité régionale aggravée par les inégalités de croissance face à un État idéologiquement affaibli. Mais les principaux acteurs à la tête des logiques régionales ne sont plus aujourd'hui l'ancienne élite foncière ou commerçante, ni des « seigneurs de la guerre ». Une solidarité dans leur appartenance au Parti communiste les lie entre eux et leur fait partager un discours commun.

Premier acquis de la Chine socialiste, il faut en souligner une unité interne de nature politico-administrative. La fragmentation en cours entre les régions n'est pas radicale. Elle semble tenir plus à des distensions pratiques qu'à des sécessions formelles. En cela, l'État chinois n'est-il pas déjà une structure fédérale déguisée ?

> « *Au-delà des apparences, il y a une Chine faible, qui est en déclin sur le long terme et même à la veille de l'effondrement. Les symptômes de décomposition peuvent être partout constatés.*
> GORDON G. CHANG, *THE COMING COLLAPSE OF CHINA.* »

# UES DE L'ÉCLATEMENT ?

## LES DISPARITÉS RÉGIONALES : LES TROIS CHINE

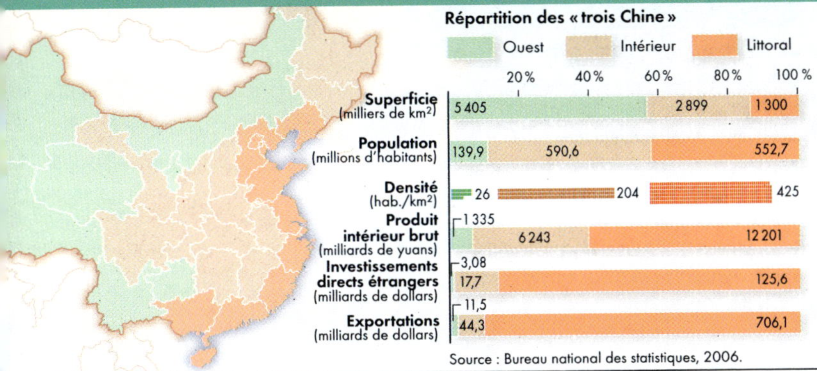


Source : Bureau national des statistiques, 2006.

## Les trois Chine

Une lecture régionale de la Chine domine dorénavant et la découpe en trois vastes bandes longitudinales : le littoral, l'intérieur et l'Ouest. Leur situation en 2005 accuse la primauté du littoral.

**Le littoral.** Il correspond à des peuplements han, qui participent du dispositif côtier et s'intègrent à l'économie mondiale. Sur 14 % de la superficie du pays, le littoral totalise 43 % de la population, une densité démographique plus de trois fois supérieure à la moyenne nationale, 62 % du produit intérieur brut, 86 % des investissements étrangers et 93 % des exportations.

**L'intérieur.** Il comprend les autres territoires de rang provincial, qui ne profitent pas du dynamisme littoral, mais relèvent des anciennes terres de la Chine historique et des terres intérieures du Nord-Est. Il enregistre de fortes densités démographiques avec une fois et demie la densité moyenne nationale sur 30 % du pays, liées à un très ancien peuplement han, mais un volume de production faible proportionnellement à sa population – 32 % du produit intérieur brut de la Chine pour 46 % de sa population – et, surtout, une ouverture économique très en retard : 12 % des investissements étrangers et 6 % des exportations.

**L'Ouest.** Il réunit, au vu de ses enjeux géopolitiques internes, toutes les provinces ou régions autonomes où les nationalités minoritaires ont un poids démographique égal ou supérieur à 20 % de la population totale. Il représente 56 % du territoire chinois, mais seulement 11 % de sa population, 7 % de son produit intérieur brut, 2 % de ses investissements étrangers et 2 % de ses exportations.

## LES POLITIQUES D'AMÉNAGEMENT DU TERRITOIRE

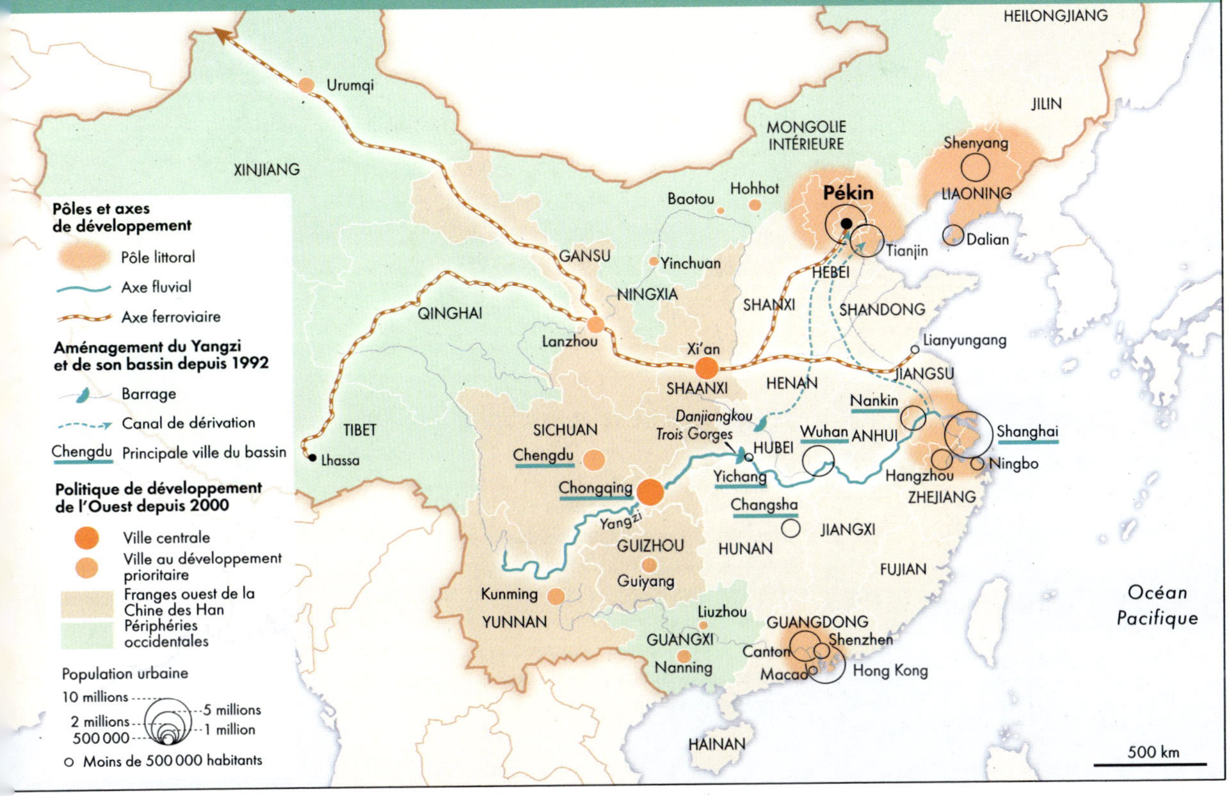

# LA FIN D'UN MONDE RURAL ?

***La Chine est le premier producteur de blé, de riz paddy ou de viande de porc dans le monde. L'agriculture assure à la population chinoise un haut niveau de consommation alimentaire. Pour autant, elle est devenue un secteur minoritaire dans l'économie du pays. Elle ne représente plus que 15 % du produit intérieur brut et emploie seulement 40 % de la population active. La nombreuse paysannerie chinoise, si elle reste importante en chiffres absolus, s'oriente toujours plus vers des activités industrielles et tertiaires, et elle a perdu définitivement l'aura idéologique qu'elle pouvait avoir sous le maoïsme face à l'explosion actuelle du monde urbain.***

## La libéralisation du marché des produits agricoles

Le commerce intérieur a été progressivement libéré. C'est le cas pour les légumes, les fruits et les produits animaux dès 1985. Les monopoles sur les céréales, les oléagineux et le coton, considérés comme des produits stratégiques, ont par contre perduré pendant une vingtaine d'années. Un système de double rail, avec prix administrés et prix de marché, est imposé pour les grains de 1985 à 2004.

### LA PRÉPONDÉRANCE DES CÉRÉALES

**Principales productions agricoles**
en milliers de tonnes, en 2005

| | |
|---|---|
| **Grains** | 484 022 |
| • Céréales | |
| Riz (37 %) | 180 588 |
| Maïs (29 %) | 139 365 |
| Blé (20 %) | 97 445 |
| • Légumineuses | 21 577 |
| • Tubercules | 34 685 |
| **Coton** | 5 714 |
| **Oléagineux** | 30 771 |
| • Arachide (47 %) | 14 342 |
| • Colza (42 %) | 13 052 |
| • Sésame (2 %) | 625 |
| **Fibre** | 1 105 |
| **Canne à sucre** | 86 638 |
| **Betterave** | 7 881 |
| **Tabac** | 2 683 |
| **Cocons de ver à soie** | 780 |
| **Thé** | 935 |
| **Fruits** | 161 201 |
| • Pommes (15 %) | 24 011 |
| • Citrons (10 %) | 15 919 |
| • Poires (7 %) | 11 324 |
| • Bananes (4 %) | 6 518 |
| • Raisins (4 %) | 5 794 |

Source : Bureau national des statistiques, 2006.

### LE RECUL DES RIZIÈRES

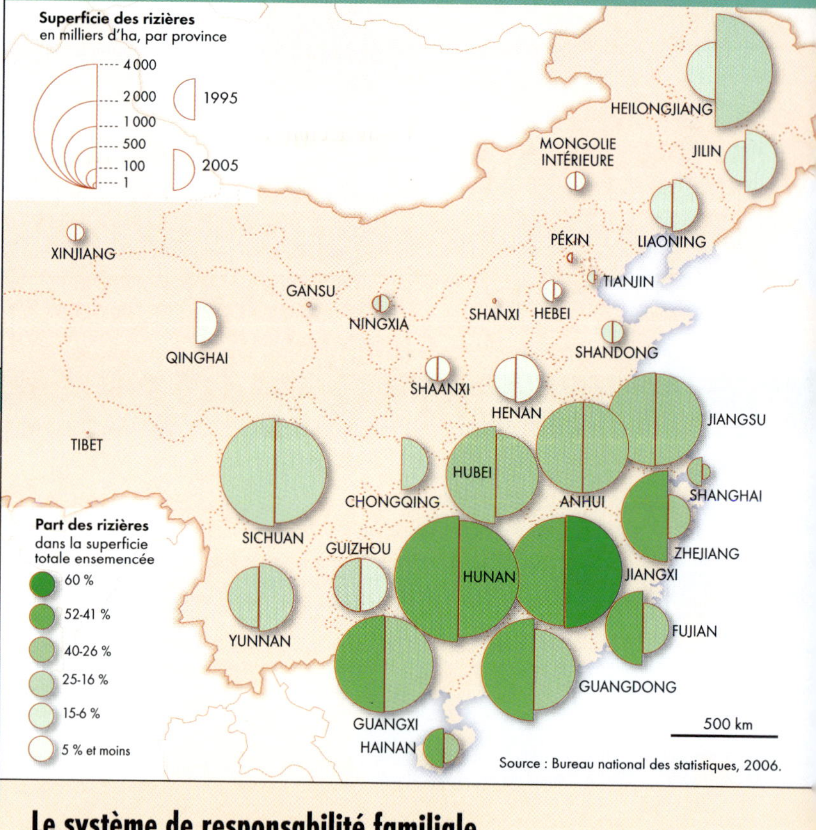


Source : Bureau national des statistiques, 2006.

## Le système de responsabilité familiale

Les premières réformes lancées à la fin des années 1970 touchent le monde rural. Une décollectivisation des terres est engagée et un « système de responsabilité » est mis en place, selon lequel les lots de terres sont, au sein de l'équipe de production, redistribués au niveau des foyers paysans. Ces derniers ne disposent certes pas de la propriété de la terre, restée collective, mais d'un droit d'usage à durée déterminée. Les ménages paysans deviennent ainsi des fermiers individuels et développent une agriculture de *minifundia*. Les « contrats de production avec les familles » rétablissent l'autonomie financière et productive de la famille, et sont généralisés à tout le pays dès 1981. Les communes populaires sont définitivement supprimées en 1984 et remplacées par les bourgs et les cantons.

## L'ÉCLATEMENT RURAL EN FONCTION DE LA DISTANCE À LA VILLE

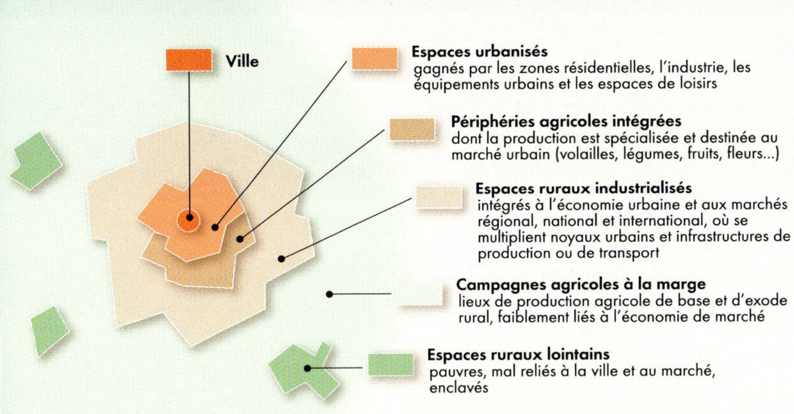


## La ville, facteur d'éclatement rural

L'écart entre les revenus moyens des ruraux et ceux des citadins se creuse dangereusement, avec un rapport aujourd'hui de 1 à 3. La ville est surtout un facteur d'éclatement pour le monde rural. Elle l'intègre très inégalement à l'économie de marché. Des facteurs tels que la distance à la ville, l'orientation économique des espaces ruraux et la connexion aux circuits marchands et de transports jouent de manière décisive.

## Les paysans face à l'OMC

La libéralisation intérieure pèse sur les prix des produits agricoles et l'ouverture des frontières depuis l'entrée de la Chine dans l'OMC entraîne une baisse générale des tarifs sur les produits agricoles. Mais des quotas tarifaires, fixés très bas (9,6 millions de tonnes pour le blé, 5,3 millions de tonnes pour le riz), protègent les productions céréalières chinoises d'importations massives.

> *La maîtrise de l'eau est la clé de l'ensemble, par laquelle les hommes ont su imposer à la nature des systèmes de culture intensif que le seul climat n'autorisait pas ou ne favorisait pas.*
>
> PIERRE TROLLIET, *GÉOGRAPHIE DE LA CHINE.*

## L'OPPOSITION OUEST-EST DES RÉGIONS AGRICOLES

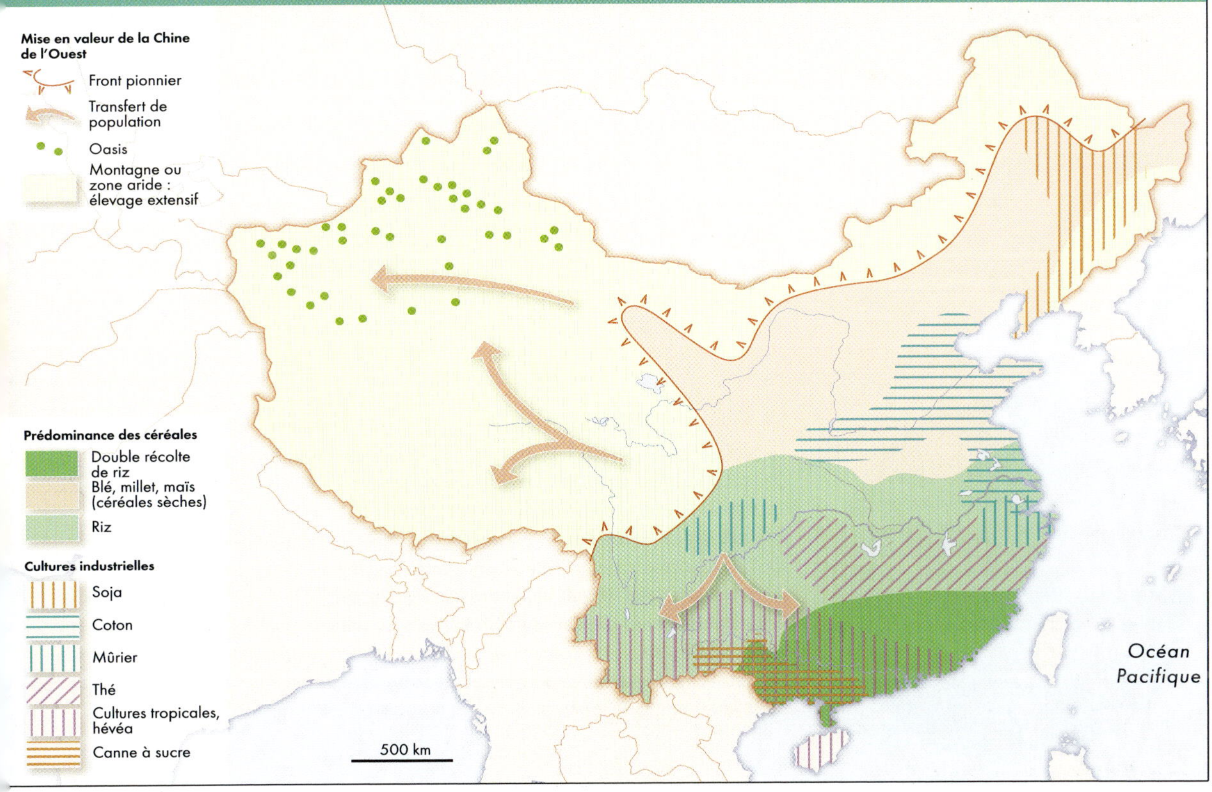

# L'ENVERS ENVIRONNEMENTAL DU DÉVELO

**La modernisation chinoise a entraîné une dégradation de l'environnement tout au long du XXᵉ siècle. L'industrialisation des années 1950 a accéléré brutalement ce processus, aboutissant souvent, avec le développement des réformes actuelles, à une catastrophe écologique généralisée. Aux risques naturels, comme les tremblements de terre, les irrégularités dans les précipitations ou les crues fluviales, se sont ajoutées des questions de sollicitation excessive des sols et des ressources, de pollutions industrielles et urbaines. L'une des priorités du pouvoir chinois est désormais de réduire ces nuisances avec des solutions intégrées de développement durable.**

## CONTRAINTES ET RISQUES ENVIRONNEMENTAUX

D'après *Atlas du Monde diplomatique*, Armand Colin, Paris, 2006.

> « *Yu le Grand, le fondateur mythique de la dynastie des Xia, fut celui qui, dit-on, divisa le monde en neuf régions, dompta les eaux et discipline les fleuves.* »
>
> FRÉDÉRIC OBRINGER, *LE DICTIONNAIRE DE LA CHINE CONTEMPORAINE.*

## La déforestation

Le premier et ancien défi est une déforestation que les politiques de reboisement ont du mal à juguler. Les forêts méridionales, avec les dernières forêts primaires chinoises, sont toujours plus exploitées. Celles du Nord-Est restent étendues, mais elles peuvent être soumises à des catastrophes de grande ampleur comme l'incendie de 1987, qui a détruit 1,3 million d'hectares. En aval, cette déforestation entraîne un appauvrissement significatif de la flore et de la faune.

Les autorités chinoises répondent par des actions de reboisement, qui veulent atteindre à terme une couverture forestière de 23 % du pays. Elles entendent ainsi lutter contre la désertification des terres septentrionales, les risques de tempête de sable et l'érosion des sols, avec des inondations de plus en plus graves.

PPEMENT

## Pollution des eaux et de l'air

Plus d'une dizaine de milliers d'usines chimiques implantées le long des fleuves ou des rivières restent sans étude d'impact environnemental et déversent leurs déchets non traités dans les cours d'eau. La qualité de l'air est également très mauvaise, notamment dans les grandes villes, et la croissance du nombre de véhicules est inquiétante. 16 villes chinoises, dont Pékin et Shanghai, comptent parmi les 50 villes les plus polluées au monde.

### LE NOMBRE CROISSANT DE VÉHICULES DE PASSAGERS

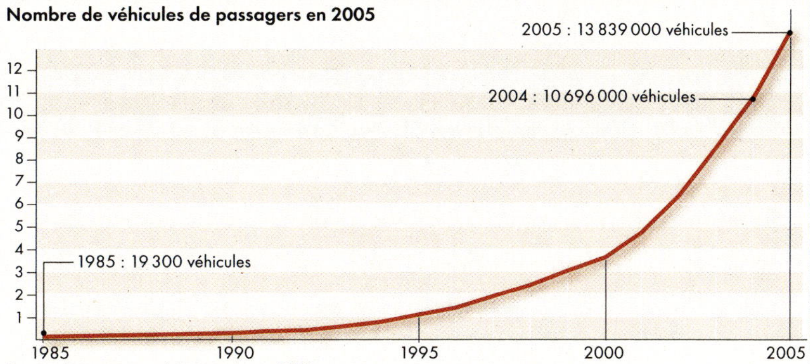

Source : Bureau national des statistiques, 2006.

## Les ressources hydriques

Les ressources hydriques représentent le problème le plus inquiétant. Trop abondamment sollicitées, par pompage des nappes phréatiques, et destinées à une industrialisation, une urbanisation et une extension des superficies irriguées croissantes en Chine du Nord, elles risquent à terme de manquer, notamment pour de grandes villes comme Pékin ou Tianjin.

Face à ce danger, le gouvernement central organise la construction de barrages, dont le projet phare est celui des Trois Gorges, et des détournements hydrauliques comme les voies médiane et orientale en construction qui doivent alimenter Pékin en eau provenant du Yangzi. Le fleuve Jaune, équipé pourtant du barrage de Sanmenxia (1957) et, plus en aval, de Xiaolangdi (1999-2001), a, lui, une turbidité trop élevée pour satisfaire les besoins.

## Le désastre écologique

Le modèle de développement soviétique privilégie, jusqu'aux années 1970, une industrie lourde polluante et dévoreuse en ressources naturelles. Le volontarisme idéologique a des coûts humains et environnementaux élevés, notamment lors du Grand Bond en avant. Aujourd'hui, le développement se traduit par une industrialisation tous azimuts et une croissance urbaine très rapide, fragilisant les milieux naturels.

### DONGTAN, LA PREMIÈRE VILLE ÉCOLOGIQUE

Sources : tenementpalm.blogspot.com ; joshuakauffman.org

# LA MODERNISATION URBAINE

***Les villes connaissent de profondes transformations depuis la création de la nouvelle zone de Pudong à Shanghai en 1990 et la relance des réformes en 1992. Elles sont devenues les vitrines de la modernisation et du retour en force de la Chine. Les métropoles chinoises ne sont pas seulement rénovées dans leur bâti et restructurées dans leurs fonctions, elles veulent aussi être internationales, avec pour symboles les Jeux olympiques à Pékin en 2008 et l'Exposition universelle de Shanghai en 2010. Ces villes traduisent les défis d'une société en mutation accélérée. Les écarts de revenus se creusent dans un contexte d'explosion de la société de consommation.***

LES MÉTROPOLES CHINOISES ET LEUR RAYONNEMENT

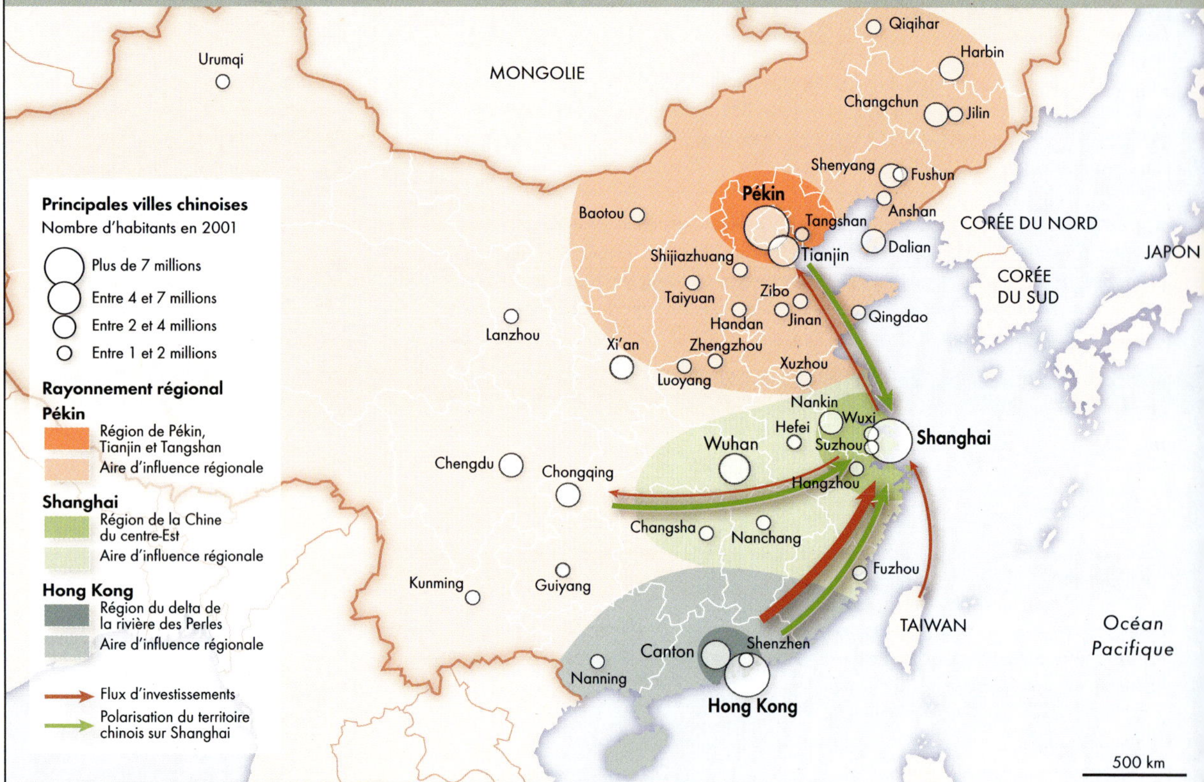


## Une modernisation accélérée

L'urbanisme en Chine relève du tour de force. Il a réalisé à la fois, en un délai très court, des politiques d'aménagement qui se sont succédé sur plusieurs décennies dans les pays développés, allant de la rationalisation et du zonage fonctionnel de l'espace urbain, de la révolution automobile, à des exigences postmodernes de réhabilitation et de valorisation identitaire de la ville.

## La ville change d'échelle

Les villes chinoises connaissent toutes une importante extension de leur surface bâtie. Elles spécialisent fonctionnellement leurs espaces et un processus de redistribution spatiale mène à l'expulsion en périphérie d'une large part des populations résidantes, des activités de production et des équipements lourds de transports ou de récréation.

Les centres-villes se recomposent, avec la création d'artères piétonnières et de malls commerciaux, de tours de bureaux ou d'immeubles de logements de haut standing. Les périphéries urbaines s'étendent ensuite à perte de vue, avec des zones résidentielles très variées, traduisant en cela les nouvelles stratifications de la société urbaine chinoise. Enfin, des villes nouvelles prennent le relais et sont toujours mieux reliées à la ville-centre.

> « *Une des principales conséquences des réformes économiques a été la spectaculaire augmentation de la mobilité. Le « travail extérieur » est maintenant une part visible et importante de l'économie des grande villes.* »
>
> Chan Kam-wing, Asian Perspective, n° 25-4.

## Les facteurs du renouveau

Les facteurs du développement urbain tiennent principalement à des budgets municipaux qui permettent dorénavant de véritables politiques d'aménagement, à une liberté laissée par l'État aux autorités locales de disposer du sol urbain, à la diversification des acteurs immobiliers, qu'ils soient chinois ou étrangers, et à un encouragement à l'accès à la propriété privée suivant les règles du marché.

## De la bicyclette à l'automobile

Les flux de personnes ont fortement augmenté depuis le milieu des années 1990. Un processus de motorisation s'est développé sous des formes initialement collectives (taxis, véhicules d'entreprise, bus) et aujourd'hui de plus en plus individuelles (voitures particulières). Les infrastructures urbaines privilégient désormais la vitesse et marginalisent progressivement l'usage de la bicyclette, qui s'était généralisé dans les années 1980.

Les grandes villes ont multiplié les axes routiers en centre-ville et les ceintures périphériques accompagnant l'extension urbaine. Depuis la fin des années 1990, elles les complètent par la construction de réseaux de transports collectifs sur plusieurs niveaux, souterrain comme aérien, et des contraintes nouvelles sur l'accès de certains véhicules au centre urbain.

### LE BLOC D'IMMEUBLES, SES ESPACES PUBLICS ET SES COMMERCES

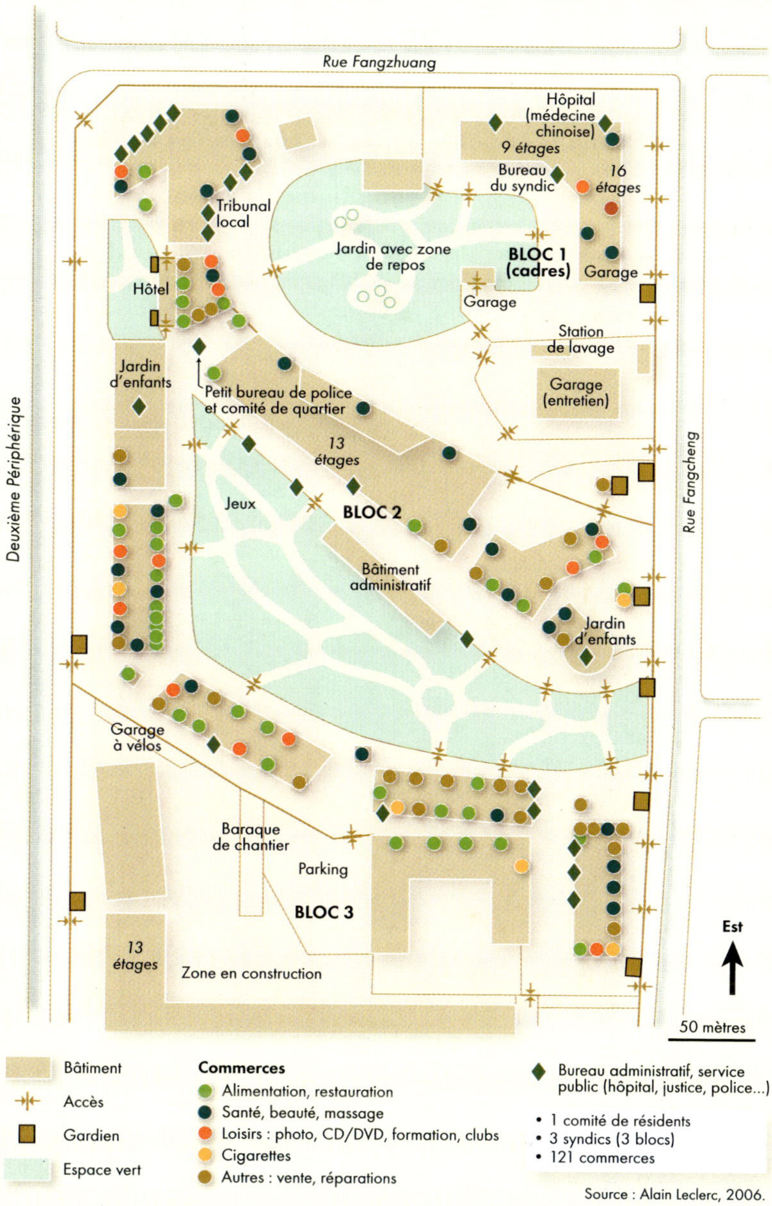


Source : Alain Leclerc, 2006.

## L'identité chinoise de la ville

La modernisation urbaine en cours, sur des standards internationaux, entraîne les difficiles questions d'identité chinoise de la ville, de ses rapports à la modernité occidentale et des choix de conservation patrimoniale. Les villes chinoises s'inscrivent ainsi dans une tension inouïe entre la création de formes architecturales sans équivalent ni en Chine ni à l'étranger, comme le Grand Théâtre national de Pékin, et la réinvention d'une tradition chinoise sous la forme de *chinatowns* comme la « vieille ville chinoise » de Shanghai.

Une loi relative à la protection du patrimoine protège enfin les héritages culturels depuis 1982. Un label « ville historique et culturelle » est même créé en 1988. 99 villes chinoises sont classées depuis 1994 et doivent élaborer un plan de sauvegarde de leur patrimoine.

# LA SOCIABILITÉ, SES LIEUX DANS LA VILLE

***La décollectivisation urbaine s'est accompagnée d'une privatisation des logements et d'une recomposition du collectif sur la base de nouvelles communautés résidentielles. La ville chinoise se recloisonne en fonction des stratifications sociales en cours. Les limites bougent entre espaces publics et privés. Au-delà des parcs et jardins urbains, de nouveaux lieux de sociabilité se multiplient : cafés, espaces piétonniers, places publiques, centres commerciaux. Une culture urbaine renouvelée, en lien avec une évolution sociale privilégiant le marché sur le planifié, le privé sur le collectif, voire l'individu sur le groupe, se dessine en Chine.***

## Parcs et jardins publics

**LE JARDIN CHINOIS.** Le jardin chinois a une longue histoire, depuis le premier historiquement attesté au XIe siècle avant J.-C. jusqu'à sa définition fondée sur deux éléments du paysage naturel – la montagne et l'eau – sous les Qin et les Han, et son apogée sous les Ming, avec la publication du *Traité des jardins* en 1634. Sous les Qing, les jardins sont un lieu privilégié où leur propriétaire peut méditer sur les rapports entre l'homme et la nature, et ils suivent une disposition irrégulière, étroitement liée à l'idée de parcours dans le temps et à la reproduction artificielle de la nature.
Les jardins classiques visités aujourd'hui datent de la fin de l'Empire et sont classés au patrimoine national voire mondial.

**L'APPARITION MODERNE DU PARC PUBLIC**
La notion de parc ou de jardin public date du début du XXe siècle. Alors que le jardin était un lieu privé, intime et spirituel, le parc est un lieu public de loisirs. Les premiers parcs sont liés aux concessions étrangères et à l'ouverture par le régime nationaliste de grands jardins impériaux ou privés. Depuis les années 1950, les parcs sont inscrits parmi les principaux équipements récréatifs des planifications urbaines.

**DES ESPACES DE LIBERTÉ.** Leur accès reste payant jusqu'aux années 1990, mais ils sont des espaces de liberté, où les populations locales échappent aux contraintes collectives et se divertissent en chantant des airs d'opéra, en jouant aux cartes ou aux échecs, en buvant du thé… Aujourd'hui, les parcs participent d'un véritable mouvement de l'embellissement urbain, en vue d'accroître l'attrait de leur ville.

### UNE MAISON DE THÉ À CHENGDU

**Plan du rez-de-chaussée de la maison de thé Dongfang, à Chengdu**

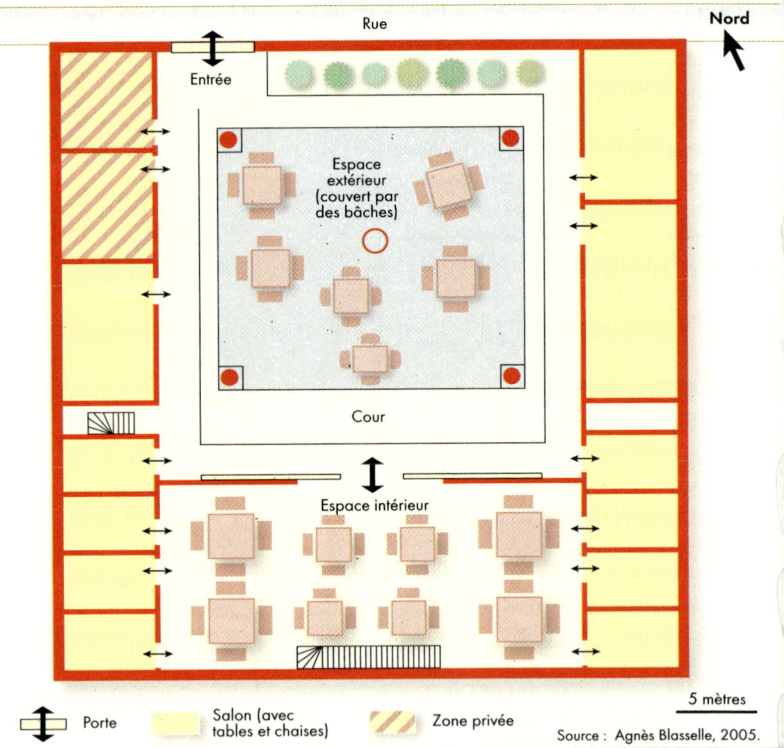


Source : Agnès Blasselle, 2005.

> *Le Shanghai Hotel se trouvait dans Nanking Road, au centre de la concession internationale, dans le voisinage du grand champ de courses. Quiconque comptait dans le monde passait tôt ou tard dans le hall de cet hôtel.*
> VICKY BAUM, *SHANGHAI HOTEL.*

## Les grands hôtels, objet urbain importé et usage local

Le grand hôtel est un élément fondamental de la recomposition tant du paysage que des pratiques urbaines en Chine. Il est un lieu exemplaire du rapport à l'étranger, qu'il s'agisse de conceptions architecturales, techniques ou de gestion économique importées. Le grand hôtel, pleinement accessible à une clientèle locale, joue un rôle important dans les pratiques de la sociabilité urbaine dès le début des réformes chinoises, car les lieux de sociabilité traditionnels – les maisons de thé – ont disparu dans les années 1950.

Le grand hôtel en Chine correspond à un temps de l'ouverture et il perd ensuite une partie de ses fonctions de substitution – logement, bureau, centre de remise en forme pour Chinois d'outre-mer et étrangers – avec des villes multipliant progressivement leurs infrastructures locales.

Toutefois, les autres métropoles de l'Asie développée comme Hong Kong, Tokyo ou Séoul montrent aussi qu'il ne s'agit pas d'une seule temporalité urbaine. L'usage du grand hôtel répond, en Chine et en Asie orientale, à un besoin fondamentalement culturel d'un « ailleurs » de ces sociétés – et de la mondanité qui leur est attachée –, et il est le seul à pleinement savoir y répondre.

### LES GRANDS HÔTELS À SHANGHAI

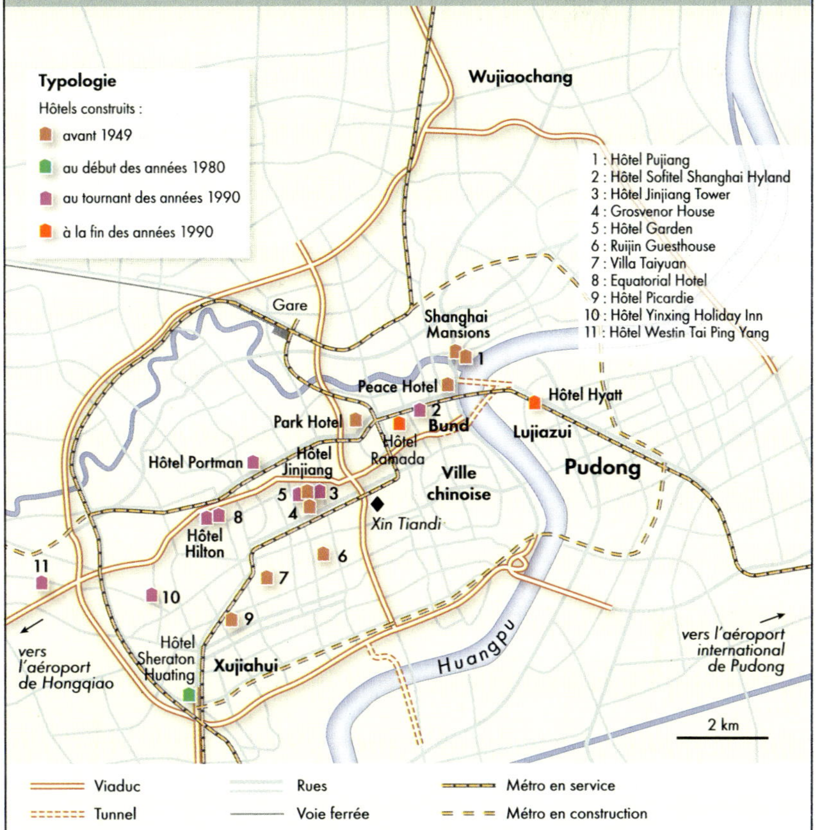


## La multiplication des espaces publics

**De nouvelles centralités dans la ville.** Des cafés avec leur terrasse, des restaurants, de vastes galeries commerçantes apparaissent et instaurent de nouvelles centralités dans la ville. Les rues piétonnières sont créées, comme le tronçon oriental de la rue de Nankin à Shanghai, le sud de la rue Jianghan à Wuhan ou Wangfujing à Pékin. Les berges des rivières sont souvent redéveloppées en fonction du tourisme et d'une nouvelle mise en scène de la ville sur le modèle du Bund face à Pudong à Shanghai.

**Les places publiques, de la célébration politique...** Les places publiques sont historiquement rares en Chine et servent à la manifestation, à la mise en scène et à l'exercice du pouvoir. La place Tian'anmen en a été l'exemple type, repris ensuite pour la célébration de la « Nouvelle Chine ». Sur son modèle, le pouvoir communiste a construit de nombreuses grandes places de manifestation politique, encadrées de bâtiments à la gloire du régime.

**... à la sociabilité urbaine.** Les municipalités créent aujourd'hui des places publiques, désormais moins destinées à célébrer le régime qu'à servir d'espaces de vie où les individus viennent flâner, se retrouver ou discuter, du seul fait de leur résidence urbaine.

### LE QUARTIER RÉHABILITÉ DE XIN TIANDI (SHANGHAI)

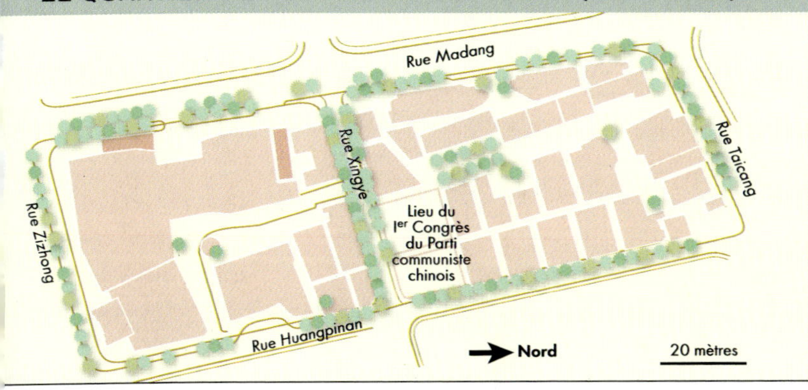

# PÉKIN, CAPITALE IMPÉRIALE

***Pékin a été presque continûment la capitale de la Chine depuis le XIIIe siècle. Cette ville très septentrionale, à proximité de la Grande Muraille, rempart contre les menaces barbares, était alimentée par le canal Impérial depuis les régions rizicoles du Sud-Est. Le régime communiste y a proclamé la République populaire et s'est inscrit en cela dans la continuité symbolique du pouvoir impérial. Il se l'est appropriée par les grands travaux du Grand Bond en avant en 1959, puis avec ceux destinés aux Jeux olympiques de 2008. La ville aux carrés emboîtés doit en effet exprimer la puissance politique et le rayonnement mondial de la Chine.***

## La modernisation socialiste

Dix grands travaux sont entrepris à Pékin pour le dixième anniversaire de la révolution en 1959. La capitale de la République populaire ne doit plus simplement représenter le pouvoir impérial avec son axe nord-sud, mais aussi célébrer dans son organisation spatiale le régime communiste.

Un axe est-ouest, l'avenue Chang'an, coupe l'axe méridien au sud de la Cité interdite, au niveau de la porte de Tian'anmen. Celle-ci est agrandie pour accueillir les manifestations à la gloire du régime, elle est flanquée à l'ouest par le palais de l'Assemblée populaire nationale et à l'est par le musée de l'Histoire de la révolution – avant d'accueillir le mausolée de Mao Zedong en 1977.

Les travaux réalisés à Pékin comptent également la gare centrale, l'hôtel et le palais des Minorités nationales, la résidence des hôtes de marque, le palais de l'Agriculture, le stade des Ouvriers, le palais des Beaux-Arts et l'hôtel des Chinois d'outre-mer.

Sous la Révolution culturelle, les murailles sont détruites ou réduites à l'état de lambeaux comme la porte Qianmen, et les douves comblées. Une ligne de métro, mise en service en 1969, et une rocade périphérique succèdent aux anciennes murailles de la ville impériale.

### LA VILLE-CENTRE DE PÉKIN

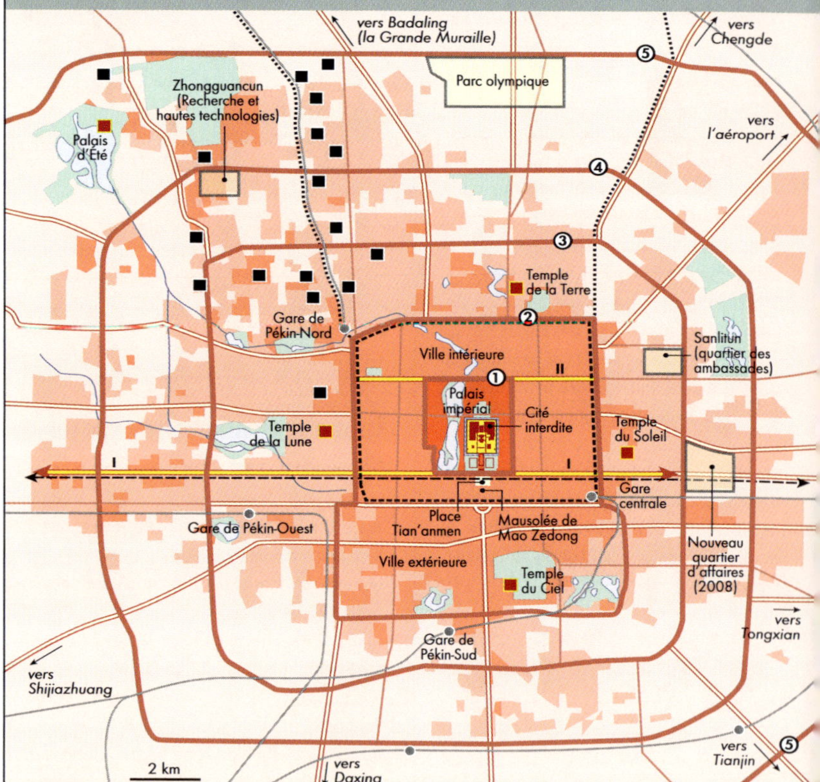


**La ville impériale et républicaine**
- Palais impérial
- Espace urbanisé en 1949
- Temple, monument
- ① Anciennes limites du palais impérial
- ② Anciennes murailles, aujourd'hui deuxième périphérique

**Les réalisations socialistes**
- Extension urbaine entre 1950 et 1975
- I Axe de l'avenue Chang'an
- Première ligne de métro
- ③ Troisième périphérique

**L'ère des réformes**
- Extension urbaine après 1975
- Université
- Pôle secondaire
- II Avenue Ping'an
- Deuxième ligne de métro
- Voie ferrée et gare
- City Rail ou ligne de métro n° 130
- ④ Quatrième périphérique
- Voie rapide, autoroute
- ⑤ Cinquième périphérique

Un sixième périphérique est en cours de construction

## UNE RUELLE PÉKINOISE

**Une maison à cour carrée (*siheyuan*)**

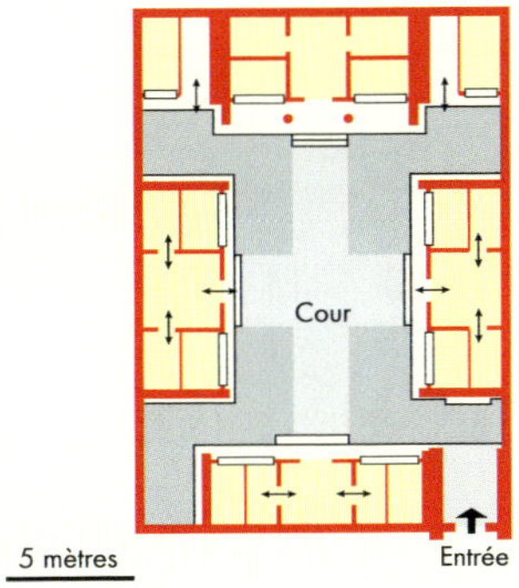


**L' îlôt et ses ruelles (*hutong*)**

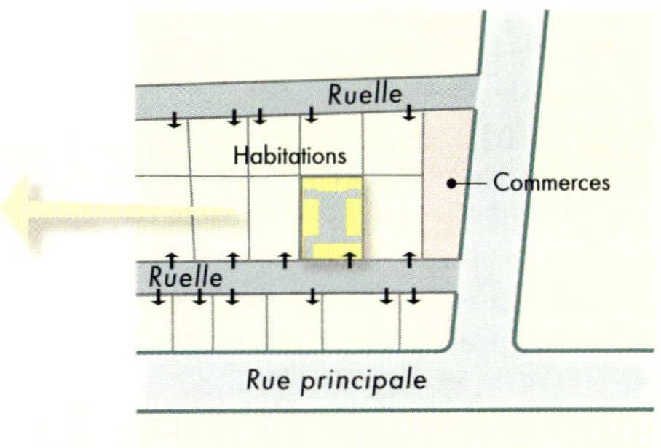


## Les carrés emboîtés

Dans l'histoire, Pékin est avant tout la résidence de l'empereur, son lieu d'exercice du pouvoir et de célébrations rituelles comme celles qu'il doit accomplir régulièrement au temple du Ciel pour assurer de bonnes récoltes à son peuple.

Un jeu de carrés – ou de rectangles – s'emboîte à l'abri de murailles successives et se décline ainsi avec une accessibilité graduée : au nord, la Cité interdite, le palais impérial et la ville impériale, où résident l'empereur, sa famille, sa cour, ses serviteurs et les hauts dignitaires du régime ; au sud, la ville extérieure, où vit le peuple, composé essentiellement d'artisans et de commerçants.

L'ensemble de la capitale est enfin structuré par des voies qui se coupent à angle droit et composent ainsi de vastes blocs irrigués en interne par des ruelles.

## Les ruelles

Les ruelles (*hutong*) constituent des réseaux d'accès intérieurs aux vastes blocs que découpent les avenues pékinoises. Leur largeur ne dépasse pas neuf mètres. Ce sont de longs couloirs aux murs aveugles ponctués par des portes en bois donnant sur des maisons à cour carrée (*siheyuan*). Celles-ci articulent autour de la cour, lieu de culture des plantes, des bâtiments d'un seul niveau.

Le régime communiste et la croissance démographique ont mené à une densification du bâti. Les ruelles abritent commerces et toilettes publiques. Mais cette surdensification, pour des bâtiments sans étage, un trop long manque d'entretien et une inadéquation aux moyens modernes de transports ont justifié, aux yeux des autorités, la destruction ces dernières années de la plupart des ruelles pékinoises.

> « *Depuis que le vieux Qi était devenu propriétaire de la maison, sa famille n'avait fait que croître et il n'avait connu aucun deuil. L'endroit devait certainement bénéficier d'auspices très favorables !* »
>
> LAO SHE, *QUATRE GÉNÉRATIONS SOUS UN MÊME TOIT.*

## Les Jeux olympiques

Pékin a été élue en 2001 pour accueillir la 29e olympiade, du 8 au 24 août 2008. Les aménagements se concentrent au niveau du Parc olympique au nord de Pékin, d'une superficie de 1 135 hectares et situé sur l'axe nord-sud de la ville, avec la construction ou la rénovation de 31 équipements sportifs. Les Jeux olympiques ont surtout accéléré l'ambitieux programme de développement urbain de la municipalité.

## PÉKIN DANS L'HISTOIRE CHINOISE

- **1264** capitale des Mongols, puis de la dynastie des Yuan
- **1421** capitale des Ming
- **1440–1441** construction des palais
- **1470–1480** construction des grandes murailles
- **1860** pillage de la ville par les Anglais et les Français
- **1900** siège par les Boxers des ambassades occidentales
- **1919** mouvement du 4 mai
- **1949** Pékin est la capitale de la République populaire
- **1959** création de l'actuelle place Tian'anmen et réalisation de dix grands travaux
- **1978** mouvement démocratique du « printemps de Pékin »
- **1989, 4 juin** répression du mouvement étudiant, place Tian'anmen
- **2008** Jeux olympiques

## Du passé faisons table rase !

La destruction des ruelles anciennes tend à momifier les monuments hérités et à les destiner au seul tourisme. La logique ancienne de la ville est abandonnée, sans qu'apparaisse une cohérence nouvelle autre que fonctionnelle. Avec une très forte pression foncière, le centre-ville se tertiarise et se gentrifie, quand les périphéries accueillent des ensembles résidentiels sous la forme de quartiers de grands collectifs.

Au nord-ouest, Zhongguancun concentre les universités et les nouvelles technologies. À l'est, Sanlitun, le quartier des ambassades, est prolongé au nord par un secteur de grands hôtels et de bureaux liés à l'autoroute qui gagne l'aéroport. Un grand centre d'affaires se développe plus au sud. Enfin, au nord, la construction du quartier olympique s'achève.

# SHANGHAI, VILLE DE LA MODERNITÉ

***Shanghai est devenue le phare urbain de la modernisation et de la montée en puissance de la Chine pour le XXIe siècle. Elle se veut le modèle d'une modernité chinoise qui résiste à la banalisation des sociétés mondialisées, tout en proposant une alternative à Hong Kong et Singapour. Elle connaît un développement économique rapide, un renouvellement profond de ses structures économiques et de son bâti, et une extension de son rayonnement régional. Depuis le début des années 1990, elle a élaboré des projets ambitieux d'aménagement, dont la Nouvelle Zone de Pudong et la future Exposition universelle en 2010 sont les meilleures illustrations.***

LA MUNICIPALITÉ DE SHANGHAI

## Le renouveau

**LE TOURNANT DES ANNÉES 1990.** Le renouveau de Shanghai date du début des années 1990. La ville profite de l'accession aux plus hautes responsabilités de l'État de deux de ses anciens maires, Jiang Zemin et Zhu Rongji. Elle bénéficie de la volonté du gouvernement central de reprendre la main face à l'essor des provinces méridionales : Shanghai est située au centre du littoral et au débouché de l'axe est-ouest du Yangzi, que la construction du barrage des Trois Gorges doit remettre en valeur. Shanghai symbolise aussi le nouveau rôle des villes comme pôles de croissance dans le développement chinois. Elle possède une Bourse et développe de nombreux services aux entreprises, elle redistribue ses activités industrielles en périphérie, elle satellise les villes de sa région proche, elle réarticule des réseaux urbains d'échelle régionale et à terme nationale.

**LE RENOUVEAU D'UNE MÉTROPOLE POUR LE XXIe SIÈCLE.** La ville accueille dorénavant des courses de Formule 1 et prépare une Exposition universelle pour 2010. Loin de constituer une rupture, la vitalité actuelle de la ville est un renouveau. Si Shanghai détruit ses anciens *lilong* et expulse une large partie de ses populations en périphérie au profit de tours de bureaux ou d'appartements inaccessibles au plus grand nombre, elle s'inscrit aussi dans une continuité avec le projet de modernité des années 1920. Cet âge d'or de la ville ne manque pas d'être réhabilité dans des musées, des expositions, des pu-

## Shanghai en chiffres

| en 2005 | Shanghai | … et la Chine |
|---|---|---|
| Population (nombre d'habitants) | 17 780 000 | 1 % du total chinois |
| Natalité | 7 ‰ | 12 ‰ |
| Mortalité | 6 ‰ | 7 ‰ |
| % des moins de 15 ans | 9 % | 20 % |
| % des 15-64 ans | 79 % | 71 % |
| % des plus de 64 ans | 12 % | 9 % |
| PIB (en milliards de yuans) | 915 | 5 % du total chinois |
| Secteur primaire | 1 % (du PIB) | 13 % |
| Secteur secondaire | 49 % | 48 % |
| Secteur tertiaire | 50 % | 40 % |
| Investissements des entreprises étrangères (en milliards de dollars) | 201 | 14 % du total chinois |
| Exportations (en milliards de dollars) | 91 | 12 % du total chinois |

Source : Bureau national des statistiques, 2006.

# La ville des concessions étrangères

Après le traité de Nankin en 1842, la présence étrangère divise en trois l'administration de la ville : une élite urbaine dans la concession internationale, le consul dans la française et le pouvoir chinois au sud et au nord. Cette cité portuaire à l'embouchure du Yangzi devient une ville d'immigrants occidentaux, avec une majorité de Chinois venus y trouver du travail.
La Première Guerre mondiale fait de Shanghai un puissant pôle d'industries légère et agroalimentaire. La métropole mêle les cultures occidentale et chinoise, avec son bâti populaire – les *lilong* –, ses modes de travail et de vie. Une société de consommation accompagne l'apparition d'une classe moyenne. Premier pôle de production et de services du pays, Shanghai incarne, avant 1949, la Chine moderne, capitaliste et cosmopolite.

blications. Une politique de secteurs préservés se met en place, notamment dans l'ancienne concession française. La ville veut redevenir le centre de la mode et de lieux postmodernes, comme le quartier en vogue de Xin Tiandi, un ancien *lilong* réhabilité.

**La Nouvelle Zone de Pudong.** Le dynamisme shanghaïen s'exprime surtout avec le projet de la Nouvelle Zone de Pudong. Les terres à l'est du Huangpu, longtemps délaissées et composées de rizières, sont désenclavées par des ponts et des tunnels. Face au Bund, la façade de la vieille ville des concessions, sont construits le quartier d'affaires de Lujiazui et ses réalisations architecturales désormais mondialement célèbres : la Perle de l'Orient, la tour Jinmao, l'avenue du XXIe-Siècle… De nouvelles zones industrielles, ouvertes aux investissements étrangers, accueillent des industries de haute technologie. Pudong dispose d'un aéroport international, relié au centre-ville par un train à suspension magnétique, et son port, Waigaoqiao, est en voie d'être complété par un port en eau profonde plus au sud. Des opérations immobilières complètent l'espace de Pudong en continu.
À l'échelle de la municipalité, une politique de villes nouvelles permet enfin à la ville-centre de redéployer ses activités et une partie de la population au niveau de pôles combinant fonctions productives, fonctions éducatives, avec de nouveaux campus pour les universités shanghaïennes, et fonctions résidentielles sur le modèle de villes de style « européen ».

## Extension des concessions étrangères

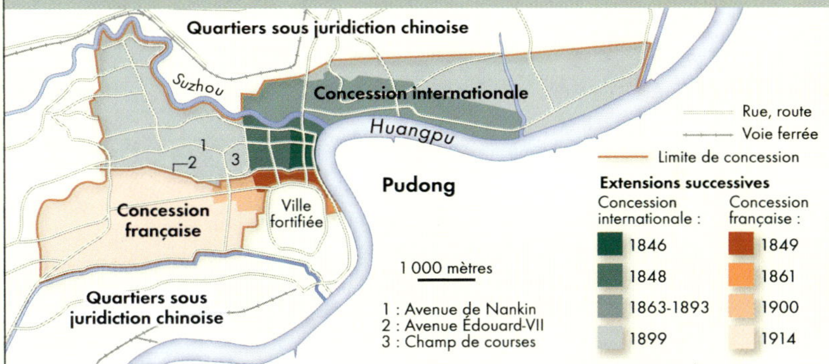


Source : Christian Henriot et Zheng Zu'an, *Atlas de Shanghai*, CNRS Éditions, Paris, 1999.

> ***Shanghai, ville américaine, anglaise, française, italienne, russe, allemande, japonaise, et, tout de même, un peu chinoise, est un phénomène sans pareil au monde.***
>
> Albert Londres, *Mourir pour Shanghai.*

## Une courée shanghaïenne

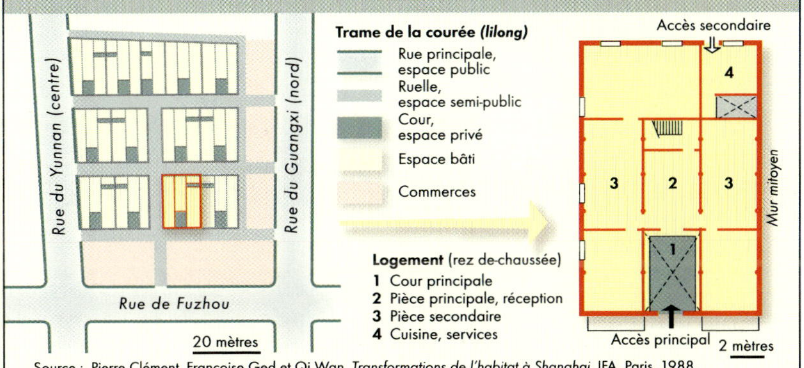


Source : Pierre Clément, Françoise Ged et Qi Wan, *Transformations de l'habitat à Shanghai*, IFA, Paris, 1988.

# HONG KONG, CARREFOUR EN ASIE

***Hong Kong est issue d'une implantation britannique sur les rives méridionales de la Chine du Sud au XIXe siècle. La colonie se compose de trois territoires : l'île a été donnée en pleine propriété par l'Empire chinois à la Couronne britannique en 1842, la péninsule de Kowloon a été cédée à bail perpétuel en 1860 et les Nouveaux Territoires cédés à bail pour 99 ans en 1898. Lors du traité sino-britannique de 1984, le gouvernement chinois obtient que l'ensemble lui soit rétrocédé en 1997. Hong Kong est aujourd'hui une région d'administration spéciale, dont le régime économique est garanti pour 50 ans suivant le principe d'« un pays, deux systèmes ».***

## HONG KONG, KOWLOON ET LES NOUVEAUX TERRITOIRES

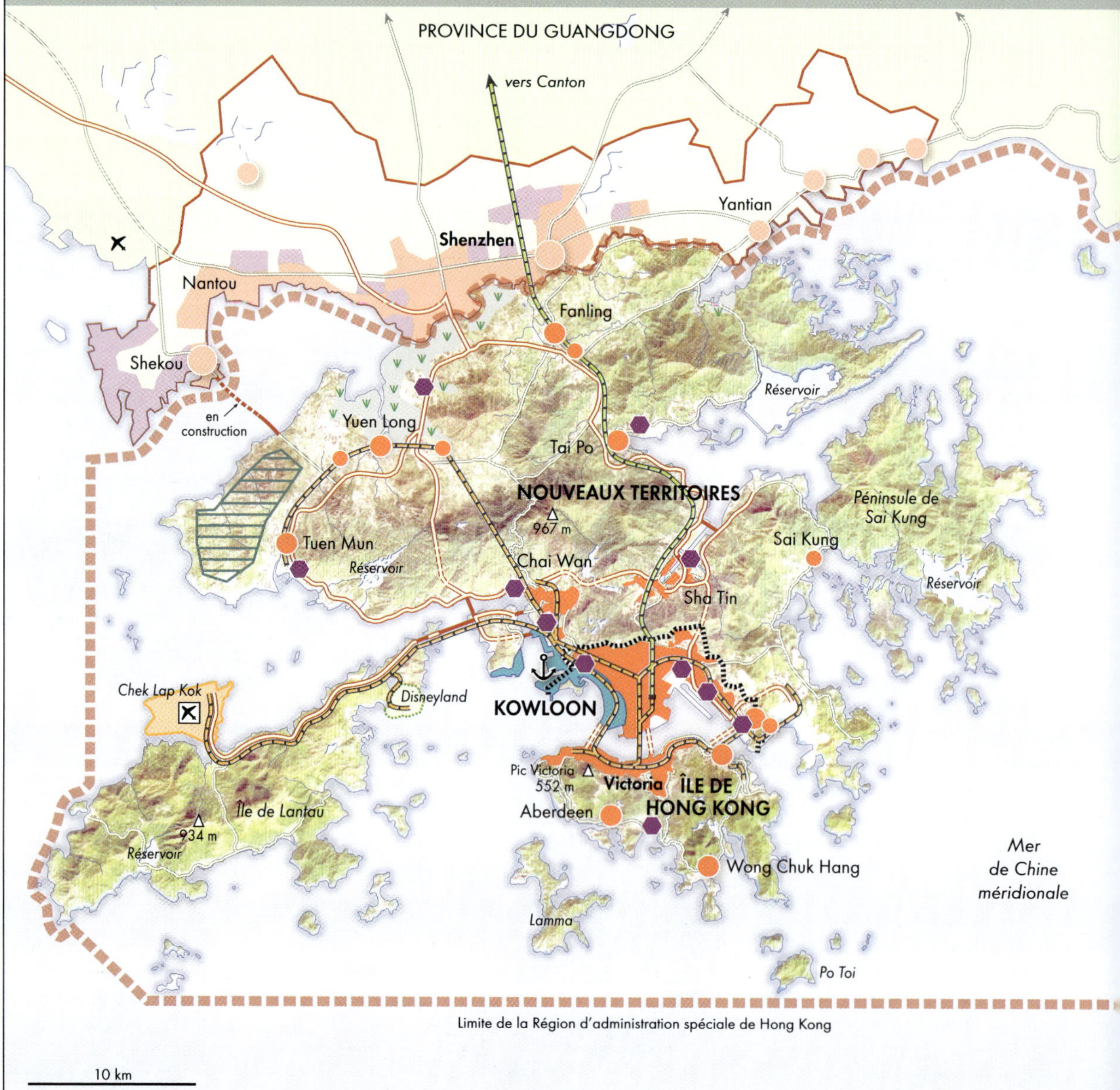

## Hong Kong et la République populaire

**UNE IDENTITÉ HONGKONGAISE BRUTALEMENT RÉVÉLÉE.** La répression de Tian'anmen est décisive pour la population hongkongaise dans sa prise de conscience identitaire et politique. Jusqu'alors, les Hongkongais tournent le dos à la Chine continentale et leur sinité se définit en rapport au colon britannique. En 1989, alors que Pékin réprime sa jeunesse dans le sang, ils comprennent brutalement qu'ils doivent dorénavant trouver leur identité face aux continentaux.

**LA RÉGION D'ADMINISTRATION SPÉCIALE FACE À PÉKIN.** Dans les dernières années de la colonie britannique, des partis politiques se créent et la représentativité au Conseil législatif s'accroît. Le régime communiste ne peut que prendre acte de cette évolution. Il organise des contre-feux avec des partis « patriotiques » et l'aide des milieux d'affaires locaux. Surtout, un jeu complexe d'autocensure, dans les médias notamment, s'installe après 1997.

### HONG KONG EN CHIFFRES

| | |
|---|---|
| **Superficie totale** (km²) | 1 104 |
| • Île de Hong Kong | 80 |
| • Kowloon | 47 |
| • Nouveaux Territoires | 976 |
| **Population** (millions d'habitants) | 6,936 |
| **Natalité** (‰) | 8,2 |
| **Mortalité** (‰) | 5,5 |
| **PIB** (milliards de dollars américains) | 178 |
| **Secteur primaire** (%) | 0,1 |
| **Secteur secondaire** (%) | 9 |
| **Secteur tertiaire** (%) | 91 |
| **Importations** (milliards de dollars américains) | 299 |
| **Exportations** (milliards de dollars américains) | 289 |
| • Exportations hongkongaises | 17 |
| • Ré-exportations | 271 |

Source : Bureau national des statistiques, 2006 (chiffres 2005).

## Un territoire exigu et éclaté

L'exiguïté du territoire, avec une superficie de 1 104 km², est aggravée par un éclatement en îles de tailles variées, péninsules, baies, cloisonnées par des collines très pentues et soumises à de trop fréquents glissements de terrain en milieu tropical humide. Seuls 20 % du territoire sont utilisables par l'homme. Aussi, d'importants travaux de terre-pleins ont été entrepris, notamment dans la baie centrale.

**LA DENSITÉ POUR DÉFI.** La densité est le défi majeur de Hong Kong et sa traduction physique tient dans une verticalité souvent étroite du bâti. Une population de près de 7 millions d'habitants se distribue pour l'essentiel dans les parcs de logements collectifs construits en périphérie des quartiers centraux et dans les villes nouvelles qu'un dense réseau de transports en commun désenclave à partir des années 1970.

## Du petit dragon à la capitale économique

**DU NOUVEAU PAYS INDUSTRIEL ASIATIQUE...** La population hongkongaise a su transformer en atouts les contraintes de la guerre froide, d'une dépendance alimentaire et énergétique, et d'un besoin de débouchés extérieurs, par le développement d'une industrie légère à vocation exportatrice en relais des activités portuaires traditionnelles dès les années 1950. Hong Kong devient alors un des quatre petits dragons asiatiques.

**... AU PÔLE TERTIAIRE INTERNATIONAL.** À la fin des années 1970, Hong Kong restructure son économie et choisit de se spécialiser dans les services financiers, boursiers, d'assurance et de consultance. Elle devient alors une tête de réseau internationale, pour la diaspora chinoise et les entreprises taïwanaises, japonaises ou occidentales, investissant notamment leurs capitaux dans les villes et régions ouvertes de la Chine continentale.

> « *Cette nuit-là, nous avons quitté l'une des plus grandes villes du monde. Hong Kong, une ville redevenue chinoise à part entière, une colonie restituée à sa puissante mère patrie. Que de chemin parcouru en un siècle et demi...* »
> CHRIS PATTEN, *D'EST EN OUEST*.

**LA CAPITALE ÉCONOMIQUE DU SUD CHINOIS.** Hong Kong se régionalise aussi et redistribue sa production industrielle dans le delta voisin de la rivière des Perles. Les investisseurs hongkongais y trouvent, outre une familiarité linguistique, des avantages décisifs : les autorités du delta leur offrent de vastes terrains, une main-d'œuvre peu chère, de faibles contraintes environnementales. Hong Kong devient le pôle structurant de la région cantonaise.

# LES NATIONALITÉS MINORITAIRES

***Les notions d'« ethnie », de « nationalité » ou de « peuple » sont exprimées par le néologisme minzu, venu du Japon à la fin du XIXe siècle. Sun Yat-sen définit la « nation chinoise » (zhonghua minzu) comme l'union de cinq « peuples » (Han, Manchous, Mongols, Musulmans et Tibétains). S'inspirant de la politique des nationalités de Staline, les communistes chinois entreprennent, dès les années 1950, une classification en « nationalités ». La République populaire identifie 56 nationalités : la principale se constitue de Han – 92 % de la population –, 54 nationalités minoritaires sont en Chine continentale et la dernière, également minoritaire, à Taiwan.***

## Qu'est-ce qu'une nationalité ?

**UNE DÉFINITION STALINIENNE.** La conception de la nationalité s'appuie sur la théorie de Joseph Staline selon laquelle la nation est « une communauté stable, historiquement constituée, de langue, de territoire, de vie économique et de formation psychique, qui se traduit dans la communauté de culture ». Un schéma évolutionniste s'y est ensuite surimposé et il a situé les populations à des stades différents d'évolution historique en Chine. Les Mosso du Yunnan correspondent au communisme primitif, les Yi au stade esclavagiste et les populations turcophones du Nord-Ouest au féodalisme. Ce sont les Han qui connaissent le stade le plus avancé et ils se doivent donc d'« aider » les autres peuples à se développer.

**NATIONALITÉS ET AUTONOMIES TERRITORIALES.** Un dispositif administratif spécifique est, par ailleurs, mis en place dans un cadre très complexe de districts, de préfectures et de régions dits administrativement « autonomes ». Cinq régions autonomes sont enfin créées pour les principales nationalités minoritaires : la Mongolie intérieure (fondée en 1947), le Xinjiang (1955, minorité ouïgoure), le Ningxia (1957, minorité hui), le Guangxi (1958, minorité zhuang) et le Tibet (1965).

### LES NATIONALITÉS MINORITAIRES EN CHIFFRES

**Famille sino-tibétaine**

| Groupe | Nationalité | Effectif (en 2000) |
|---|---|---|
| **Zhuang-dong** | Zhuang | 16 178 811 |
| | Buyi | 2 971 460 |
| | Dong | 2 960 293 |
| | Li | 1 247 814 |
| | Dai | 1 158 989 |
| **Miao-yao** | Miao | 8 940 116 |
| | Tujia | 8 028 133 |
| | Yao | 2 637 421 |
| **Tibéto-birman** | Yi | 7 762 272 |
| | Tibétains | 5 416 021 |
| | Bai | 1 858 063 |
| | Hani | 1 439 673 |
| **Chinois** | Hui | 9 816 805 |

**Famille altaïque**

| Groupe | Nationalité | Effectif (en 2000) |
|---|---|---|
| **Toungouse-mandchou** | Mandchous | 10 682 262 |
| **Turc** | Ouïgours | 8 399 393 |
| | Kazakhs | 1 250 458 |
| **Mongol** | Mongols | 5 813 947 |
| **Coréen** | Coréens | 1 923 842 |

## Les trois grands types de nationalités minoritaires

**LES PEUPLES DE L'OUEST.** Les Mongols, les Ouïgours et les Tibétains sont répartis sur de vastes territoires récemment rattachés à la Chine. La religion et la culture des Ouïgours et des Tibétains les différencient des Han. Les fronts de colonisation, l'occupation et la répression dont ils sont l'objet entraînent des révoltes et des revendications séparatistes.

**LES HUI, CHINOIS MUSULMANS.** Même si les Hui disposent de la région autonome du Ningxia, ils sont en fait très dispersés sur le territoire chinois. Leurs origines remontent à des métissages entre des femmes han et des Arabes, Persans ou autochtones d'Asie centrale sous les Tang et les Yuan. La confession musulmane marque leur mode de vie, mais leur langue et jusqu'à l'architecture de leur mosquée les rattachent au monde han. Nombre de villes chinoises ont un quartier commerçant hui.

**LES MINORITÉS DU SUD-OUEST.** Ces populations, des groupes zhuang-dong et miao-yao, sont refoulées par les conquêtes méridionales des Han il y a plus de mille ans. Elles se réfugient dans les hauteurs collinéennes de la Chine du Sud. Faute de traces écrites spécifiques, elles trouvent leur identité dans l'histoire même de leurs relations avec les Han.

## RÉPARTITION DES NATIONALITÉS MINORITAIRES

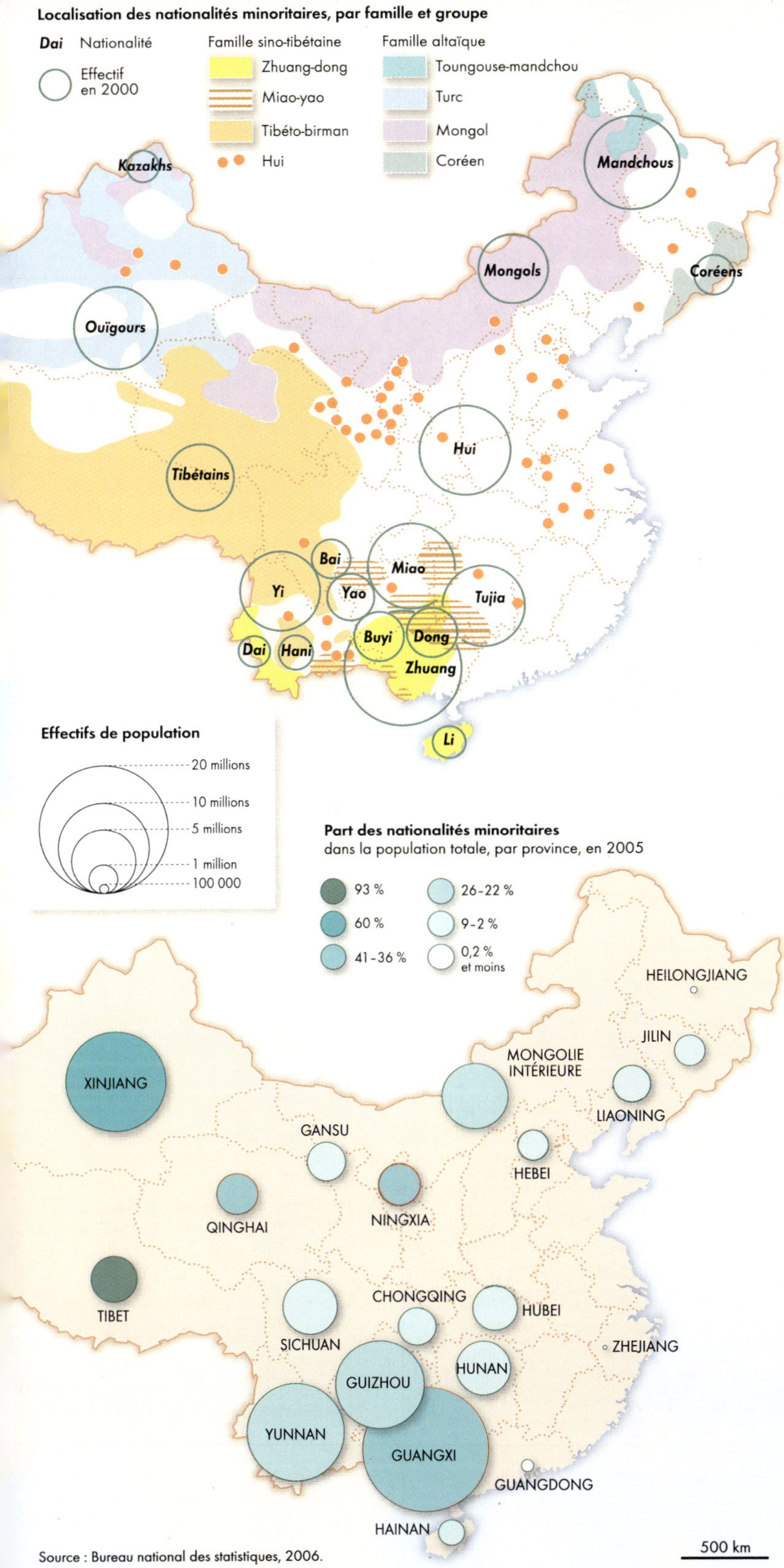


Source : Bureau national des statistiques, 2006.

## Les nationalités minoritaires, une question géopolitique

Les défis géopolitiques internes sont nombreux sur les confins frontaliers de la Chine et se compliquent de questions régionales. Des peuples sont artificiellement séparés par les frontières politiques (Mongols, Kazakhs, Kirghiz, Tadjiks, Thaïs). L'indépendance des territoires non han n'est pas négociable aux yeux de Pékin. Une telle situation remettrait en cause l'unité du pays et encouragerait les autres provinces, chinoises cette fois, à revendiquer de nouvelles concessions de la part de l'État central.

Les autorités chinoises répondent aux revendications à base souvent religieuse et aux mouvements autonomistes voire séparatistes du Xinjiang ou du Tibet par une politique de répression, de colonisation et de développement économique fondé sur les ressources naturelles et les villes locales.

> *Nous devons établir une République chinoise, une et indivisible, afin que tous ces peuples Mandchous, Mongols, Tibétains, Tartares, Chinois ne fassent qu'une nation puissante.*
>
> SUN YAT-SEN, *SOUVENIRS D'UN RÉVOLUTIONNAIRE CHINOIS.*

# LE XINJIANG, DES ENJEUX D'ÉCHELLES

**Le Xinjiang, ou « nouvelle frontière » en chinois mandarin, tire son nom des Qing lors de leurs conquêtes en Asie centrale au milieu du XVIIIe siècle. Il s'agit de très vastes régions, essentiellement désertiques, qui abritent des populations à dominantes turcophones et musulmanes. La République populaire en a fait une région autonome ouïgoure. Les populations y sont très variées : 45 % de Ouïgours, 41 % de Han, 7 % de Kazakhs, 5 % de Hui, 1 % de Mongols et de Kirghiz parmi les 19 millions d'habitants en 2002. Cette question ethnique intérieure se complique surtout de défis externes dans les liens avec les autres États d'Asie centrale et la Russie.**

> « *La célèbre « Route de la soie » qui reliait la vallée du fleuve Jaune à la Méditerranée passait par les villes du Gansu, les oasis de l'actuel Xinjiang, les Pamirs, la Transoxiane, l'Iran, l'Irak, la Syrie.* »
> JACQUES GERNET, *LE MONDE CHINOIS*.

## En Asie centrale

Le Xinjiang correspond à la partie orientale de l'Asie centrale. Sa superficie est de 1 600 000 km², soit 1/6 du territoire de la République populaire. Il est formé de deux grands bassins, entre 800 et 1 300 m d'altitude, qui sont séparés par les Tian Shan d'orientation ouest-est entre 3 000 et 5 000 m d'altitude :

• le bassin du Tarim, situé au sud entre les Kunlun et les Tian Shan, compte en son sein le désert du Taklamakan, de 331 000 km², que contournent au sud et au nord les routes terrestres de la soie ;

• la dépression de Dzoungarie est située au nord entre les Tian Shan et l'axe montagneux de l'Altaï, d'une altitude de 3 000 m.

Le Xinjiang est enfin fermé à l'ouest par le Pamir, et à l'est par la fosse de Turfan, dont les altitudes descendent jusqu'à 154 m au-dessous du niveau de la mer.

## La question ouïgoure

**DES TURCO-MONGOLS.** Les Ouïgours sont des Turco-Mongols venus du Nord qui se sont initialement installés dans les oasis cernant le désert du Taklamakan. Il se sont convertis à l'islam sunnite dès le Xe siècle et sont de langues türk-tchagataï. Ils sont aujourd'hui 9 millions de personnes.

**AU CARREFOUR DE L'ASIE.** Le nom de Ouïgours, réutilisé dès 1937 et imposé par les Soviétiques, désigne en fait des populations sédentaires très diverses dans la partie méridionale du Xinjiang. Mais leur localisation géographique, au carrefour des empires chinois, russe et britannique, en a fait un peuple très courtisé au cours du XXe siècle. La région a connu deux périodes d'indépendance sous le nom de République du Turkestan oriental entre 1933 et 1934, et entre 1944 et 1949. L'actuelle région autonome a été créée par la Chine en 1955.

**DE LA CONTESTATION...** Les populations ouïgoures contestent l'occupation han, la confiscation de leurs terres au profit des colons chinois, le durcissement actuel des politiques démographiques, linguistiques et culturelles à leur égard, et le détournement des ressources locales vers les industries et les villes de la Chine littorale.

**... À LA RÉVOLTE.** Des révoltes urbaines ont eu lieu notamment à Yining, puis à Urumqi en 1997, et les manifestants ont revendiqué à cette occasion la formation d'un État islamique indépendant. Des attentats ont été attribués aux séparatistes ouïgours. Depuis, la police armée du gouvernement chinois mène une sévère politique répressive au Xinjiang et collabore avec les autres États d'Asie centrale dans une lutte « antiterroriste ».

Frontière de la RPC
Limite de région autonome ou de province
Territoire administré par la Chine, revendiqué par l'Inde
Urumqi, capitale du Xinjiang
Liaison de type autoroutier
Autre route importante
Voie ferrée
Dépression : au-dessous du niveau de la mer
Polygone nucléaire : centre d'essais

**Localisation des principaux groupes ethnolinguistiques**

Ouïgour
Kazakh
Mongol
Kirghiz
Han
Hui
Tatar

**Richesses énergétiques et minières**

Pétrole et gaz naturel
Charbon
Autres ressources minières : cuivre, fer, plomb, or, uranium...

# MULTIPLES

## Un développement pour qui ?

Le projet de développement de l'Ouest, officialisé en janvier 2000, entend mieux intégrer les régions occidentales du pays au territoire national et améliorer le niveau de vie des populations locales.

La région autonome du Xinjiang a été favorisée par les investissements d'État, en raison des enjeux géopolitiques qu'elle représente. Des politiques préférentielles ont surtout été octroyées par le gouvernement chinois pour attirer à l'Ouest des investissements depuis les provinces orientales et l'étranger, établir avec eux des coopérations économiques et techniques, et développer la formation.

Le Xinjiang connaît ainsi des taux de croissance supérieurs à l'ensemble de l'Ouest chinois. La région autonome se classe désormais au treizième rang en termes de produit intérieur brut par habitant en Chine.

### ÉVOLUTION DÉMOGRAPHIQUE DES NATIONALITÉS DU XINJIANG

**Population de chaque groupe ethnolinguistique, 1941-2004**
en millions d'habitants

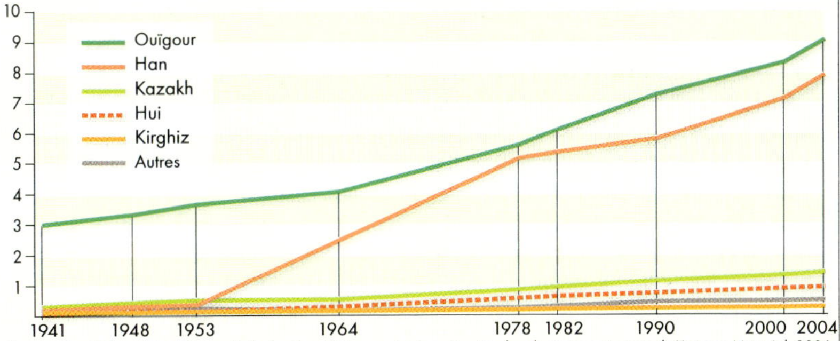


Source : Cao Huhua, *Répartition spatiale des Han, Ouïgours et autres minorités dans la région autonome du Xinjiang*, Montréal, 2006.

## L'appropriation chinoise

Dès 1949, le Xinjiang est une priorité de la colonisation des marges frontalières chinoises, avec ici l'Armée populaire de libération pour acteur majeur. Une immigration han massive est en effet en partie dirigée vers les colonies semi-militaires des Corps de production et de construction du Xinjiang. La mise en valeur de la région autonome se fonde surtout sur l'extraction des ressources naturelles (pétrole, gaz, minerais), le développement de complexes des industries lourdes qui la complètent et de pôles urbains, en lien avec les foyers économiques de la Chine littorale. La sinisation du Xinjiang est très forte dans le bassin de la Dzoungarie, avec des villes comme Urumqi et Karamay, et cette sous-région sert de fenêtre sur l'Asie centrale et les ressources du Kazakhstan notamment.

### LE XINJIANG, SES NATIONALITÉS ET SES ENJEUX

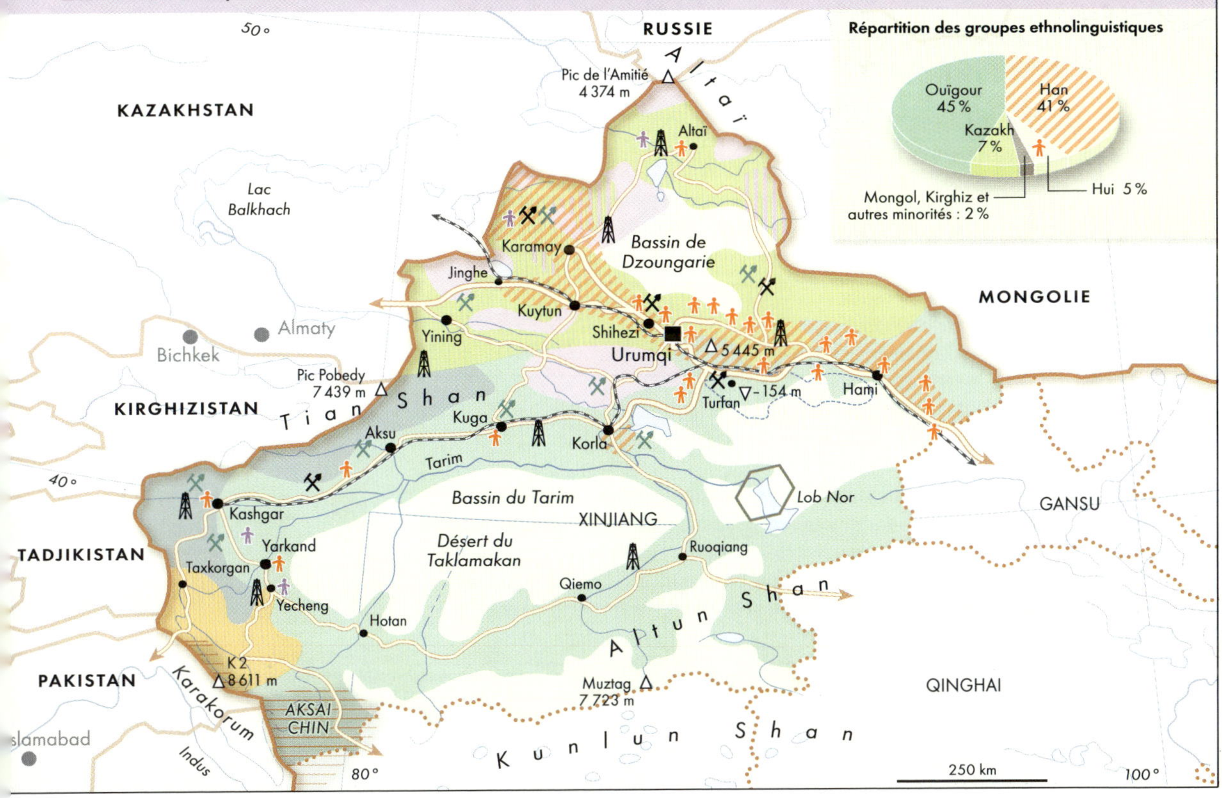

***L'Armée populaire de libération occupe le Tibet depuis 1950. Après une période de négociations, la répression d'un soulèvement général pousse le dalaï-lama à s'enfuir en 1959. Le Tibet est administrativement morcelé. La région autonome tibétaine, créée en 1965, ne comprend que la partie centrale (Ü-Tsang). L'aire culturelle tibétaine s'étend aux régions orientales de l'Amdo (Qinghai, Gansu, Sichuan) et du Kham (subdivisé entre la région autonome, le Qinghai, le Sichuan et le Yunnan) et ces territoires marginalisés, organisés en préfectures autonomes tibétaines, regroupent plus de la moitié d'une population tibétaine de Chine estimée à 5,4 millions.***

## Un territoire sous contrôle

**L'État tibétain.** Le Tibet a été un État puissant et unifié entre les VIIe et IXe siècles, et ses rois guerriers ont alors étendu son territoire, tout en recevant des ambassades de Chine et des autres États turcs. Après son éclatement politique, le Tibet adopte le bouddhisme entre les VIIIe et XIe siècles. Celui-ci devient la religion dominante, représentée par des lignées qui s'opposent violemment entre elles. Au XVIIe siècle, l'école des *guélougpa* s'impose cependant. En 1642, le 5e dalaï-lama devient le chef religieux et politique du Tibet, il fait de Lhassa la capitale d'une administration religieuse et administrative centralisée. Le palais du Potala est construit à cette date.

**Du tribut...** Les Qing se posent en seule puissance protectrice du Tibet. Lhassa doit accepter deux commissaires impériaux, avec chacun sa garnison, et le Tibet perd l'Amdo et le Kham oriental au profit des provinces chinoises voisines dès cette époque. Au XIXe siècle, la région devient un enjeu géostratégique disputé par les Chinois, les Britanniques et les Russes. En 1913, le 13e dalaï-lama déclare son pays indépendant, et celui-ci le demeure jusqu'en 1950.

**... à l'occupation chinoise**

En 1950, les troupes de la nouvelle République populaire s'emparent du Tibet. Le 14e dalaï-lama doit accepter la perte de son indépendance. En 1958, un important soulèvement populaire a lieu. L'année suivante, les institutions du gouvernement central tibétain sont supprimées et le dalaï-lama est contraint à la fuite en Inde, où il vit depuis en exil à Dharamsala. Le gouvernement militaire qui lui succède engage une longue période de répression. Malgré la création de la région autonome en 1965, les destructions de monastères se poursuivent sous la Révolution culturelle. Dans les faits, si le président de la région autonome est toujours un Tibétain, le secrétaire général du Parti communiste local ne l'a jamais été, la gestion politique est entre les mains des non-Tibétains et elle relève directement du gouvernement central chinois.

### LE TIBET ET LE QINGHAI EN CHIFFRES

| en 2005 | Tibet | Qinghai | ... et la Chine ? |
|---|---|---|---|
| **Population** (millions d'habitants) | 2 770 000 | 5 430 000 | 0,63 % de la population chinoise totale |
| **Natalité** | 17,94 ‰ | 15,70 ‰ | 12,29 ‰ |
| **Mortalité** | 7,15 ‰ | 6,21 ‰ | 6,42 ‰ |
| **% des moins de 15 ans** | 27 % | 24 % | 19 % |
| **% des 15-64 ans** | 67 % | 70 % | 72 % |
| **% des plus de 64 ans** | 6 % | 6 % | 9 % |
| **PIB** (en millions de yuans) | 25 121 | 54 332 | 0,4 % du total chinois |
| **Secteur primaire** | 19 % (du PIB) | 12 % (du PIB) | 15 % |
| **Secteur secondaire** | 25 % | 49 % | 53 % |
| **Secteur tertiaire** | 56 % | 39% | 32 % |
| **Investissements des entreprises étrangères** (en millions de dollars) | 400 | 700 | 0,08 % du total chinois |
| **Exportations** (en millions de dollars) | 1,81 | 13,35 | moins de 0,01 % du total chinois |

Source : Bureau national des statistiques, 2006.

## Langue et identité

Les Tibétains disposent d'une langue littéraire commune, mais ils sont divisés par un grand nombre de parlers dialectaux. Depuis le milieu des années 1990, cette richesse linguistique recule toutefois, sous toutes ses formes, devant la langue chinoise. Une loi de 2002 pour protéger le tibétain demeure inefficace. Le chinois s'impose dans l'administration, l'enseignement et les médias.

Frontière de la RPC
Territoire administré par la Chine, revendiqué par l'Inde
Territoire revendiqué par la Chine
Limite de région autonome ou de province
Capitale de région autonome ou de province
Route importante
Voie ferrée
Golmud-Lhassa : construction 2001-2005
Col stratégique
Espace tibétain originel
**KHAM** Région tibétaine
Limite du Tibet indépendant (1912-1950)
Limite de la région autonome du Tibet
Siège du gouvernement tibétain en exil
Grand monastère
Pélerinage au mont Kailas

# ES DE L'ASIE

## Villes et colonisation han

Les Han n'ont jamais envisagé de coloniser systématiquement les terres hostiles du plateau tibétain. Les logiques chinoises d'implantation au Tibet ont donc privilégié les villes. Elles aggravent les clivages ethniques entre les villes et les campagnes, et au sein même des villes. Ces clivages se doublent par ailleurs de nettes inégalités économiques et sociales. Entre 60 et 70 % des 200 000 habitants – sept fois plus qu'en 1959 – de Lhassa sont aujourd'hui des Han. L'opposition ethnique est nettement visible dans l'espace urbain.
Une sinisation culturelle et sociale touche également les citadins tibétains, notamment les jeunes, qui voient les marques du progrès et de l'ascension sociale dans des modes de comportement, de consommation ou de loisirs empruntés aux grandes villes chinoises.

« *Je ne demande pas une séparation avec la Chine. Je suis engagé dans une voie médiane où le Tibet reste au sein de la République populaire mais jouit d'un haut degré d'autonomie. Nous pourrons développer le Tibet avec l'assistance de la Chine.* »

14e DALAÏ-LAMA.

## Le château d'eau de l'Asie

Le plateau tibétain, entre 4 000 et 5 000 m, est entouré de très hautes montagnes. Au sud, l'Himalaya culmine au mont Everest (8 848 m) et le Transhimalaya le double plus au nord. La haute vallée du Brahmapoutre les sépare entre 3 000 et 4 000 m. Au nord, le plateau tibétain est bordé par les Kunlun, à 7 000 m, où se trouvent les sources du fleuve Jaune et du Yangzi. À l'est, les Hengduan, entre 4 000 et 6 000 m, sont des alignements montagneux nord-sud, que traversent le Yangzi, le Mékong et la Salouen.

## Le Tibet en exil, la Chine à Lhassa

L'occupation han et la politique chinoise des nationalités renforcent le sentiment national des Tibétains. Ce sentiment est relayé par la communauté tibétaine en exil et la diaspora, qui revendiquent l'indépendance du Tibet. Dans la région autonome, des protestations de religieux comme de laïcs tibétains ont culminé avec les manifestations de Lhassa en 1989.
La répression chinoise est sévère, alors que le secrétaire local du Parti communiste n'est autre que Hu Jintao, l'actuel président de la République populaire. Une politique de développement économique et de répression antireligieuse, aggravée après 1997, s'ensuit. Le petit commerce han est encouragé, le réseau routier développé pour désenclaver la région. La voie ferrée reliant Pékin à Lhassa en 48 heures est achevée en octobre 2005.

L'ESPACE TIBÉTAIN MORCELÉ

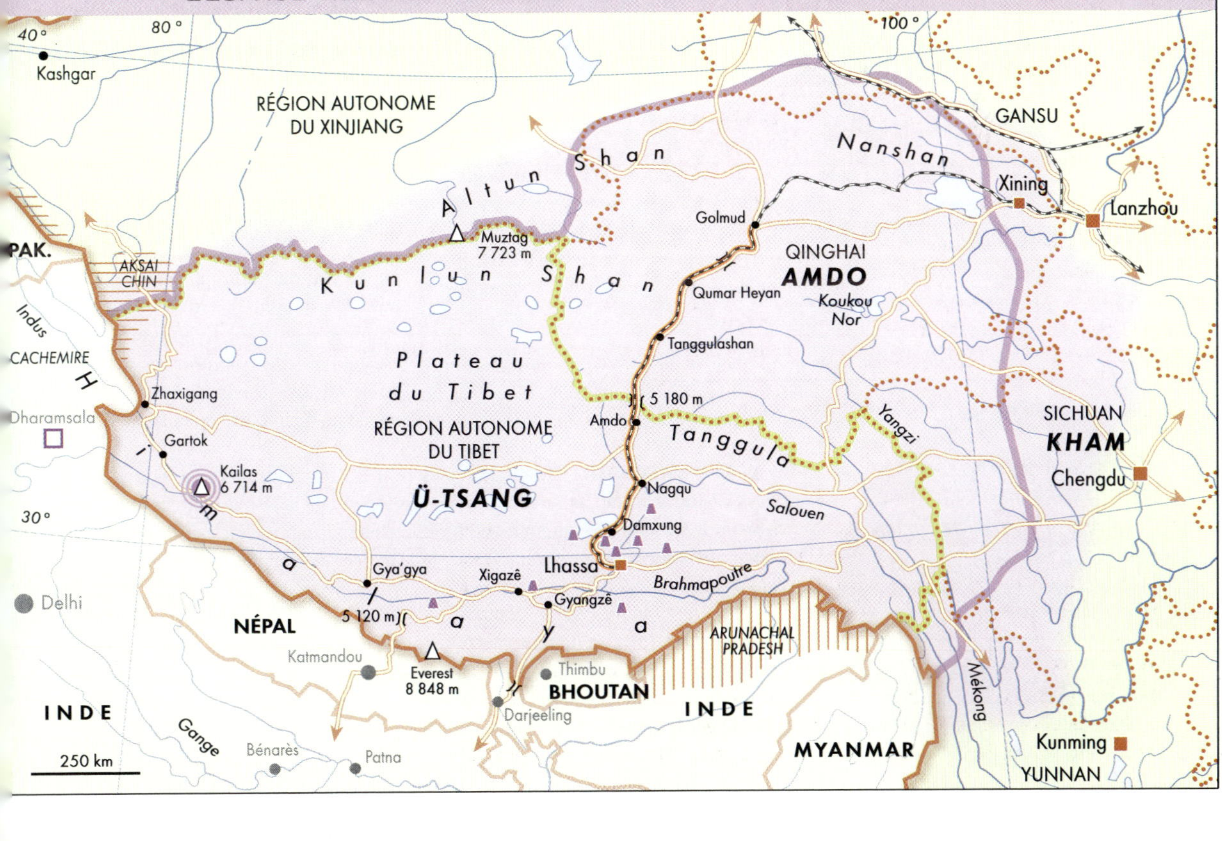

# TAIWAN, UNE TRAJECTOIRE ORIGINALE

***L'île de Taiwan est située à 130 kilomètres de la province du Fujian. Elle est une marge frontalière du dispositif continental. Ce n'est qu'à partir du XVIe siècle qu'elle fait l'objet d'une colonisation han et Zheng Chenggong y défend la dynastie Ming contre les Mandchous. Taiwan est surtout au carrefour des présences étrangères. Elle est découverte par les Portugais, occupée par les Espagnols et les Hollandais. Elle est colonisée par les Japonais entre 1895 et 1945. Elle devient le lieu de refuge des nationalistes en 1949. Au total, Taiwan n'aura dépendu d'un pouvoir chinois continental depuis 1895 que seulement quatre années.***

### L'ÎLE DE TAIWAN

Source : *Asies nouvelles*, Michel Foucher dir., Belin, Paris, 2002.

## Le défi indépendantiste

La loi martiale est levée en 1987 et la démocratisation de l'île va de pair avec une taiwanisation du débat public. Cette évolution oppose initialement les « continentaux », réfugiés en 1949, aux Taiwanais, qui sont des Minnan issus du sud du Fujian ou des Hakka venus du Guangdong. La question taiwanaise instrumentalise enfin les aborigènes présents sur l'île.

L'opposition au Guomindang se fait jour avec des candidats hors parti, dont la mouvance se constitue en Parti démocrate progressiste dès 1986. Sous la présidence du Taiwanais Lee Teng-hui, les institutions représentent progressivement la seule population insulaire. Les élections présidentielles au suffrage universel depuis 1996 ont toutes été accompagnées de pressions de Pékin. Chen Shui-bian, indépendantiste, est élu en 2000 et réélu en 2004.

## Une île convoitée

**DE LA COLONISATION JAPONAISE...** Les Qing doivent céder Taiwan au Japon en 1895. Une période s'ouvre, qui, avec des temps de forte coercition, apporte un embryon d'autonomie locale et une modernisation des infrastructures économiques et éducatives. Le retour à la souveraineté chinoise à la fin de la Seconde Guerre mondiale s'accompagne paradoxalement de l'« incident » du 28 février 1947, où le pouvoir central chinois réprime un mouvement de révolte contre la corruption des fonctionnaires du Guomindang et fait plusieurs dizaines de milliers de morts.

**... AU REPLI NATIONALISTE.** Chiang Kai-shek et le parti nationaliste se replient pourtant à Taiwan en 1949, et en font le siège provisoire de la République de Chine et la base d'une future reconquête du continent. Cette situation gèle pour longtemps la donne politique de l'île et impose une prédominance des « continentaux » sur les Taiwanais.

**LA CHINE DE LA LUTTE ANTICOMMUNISTE.** La guerre froide conduit parallèlement les États-Unis et la plupart de leurs alliés à maintenir leur soutien au gouvernement nationaliste. Taipei conserve son siège de membre permanent au Conseil de sécurité de l'Organisation des Nations unies jusqu'en 1971.

> « *Même avec une Chine continentale démocratique, Taiwan s'efforcera de sécuriser un espace international lui garantissant la volonté de ses habitants de partager un destin commun.* »
>
> JEAN-PIERRE CABESTAN, *CAMBRIDGE'S REVIEW OF INTERNATIONAL AFFAIRS*, N° 15-1.

## LA PERTE PROGRESSIVE D'INFLUENCE DE LA RÉPUBLIQUE DE CHINE DANS LE MONDE

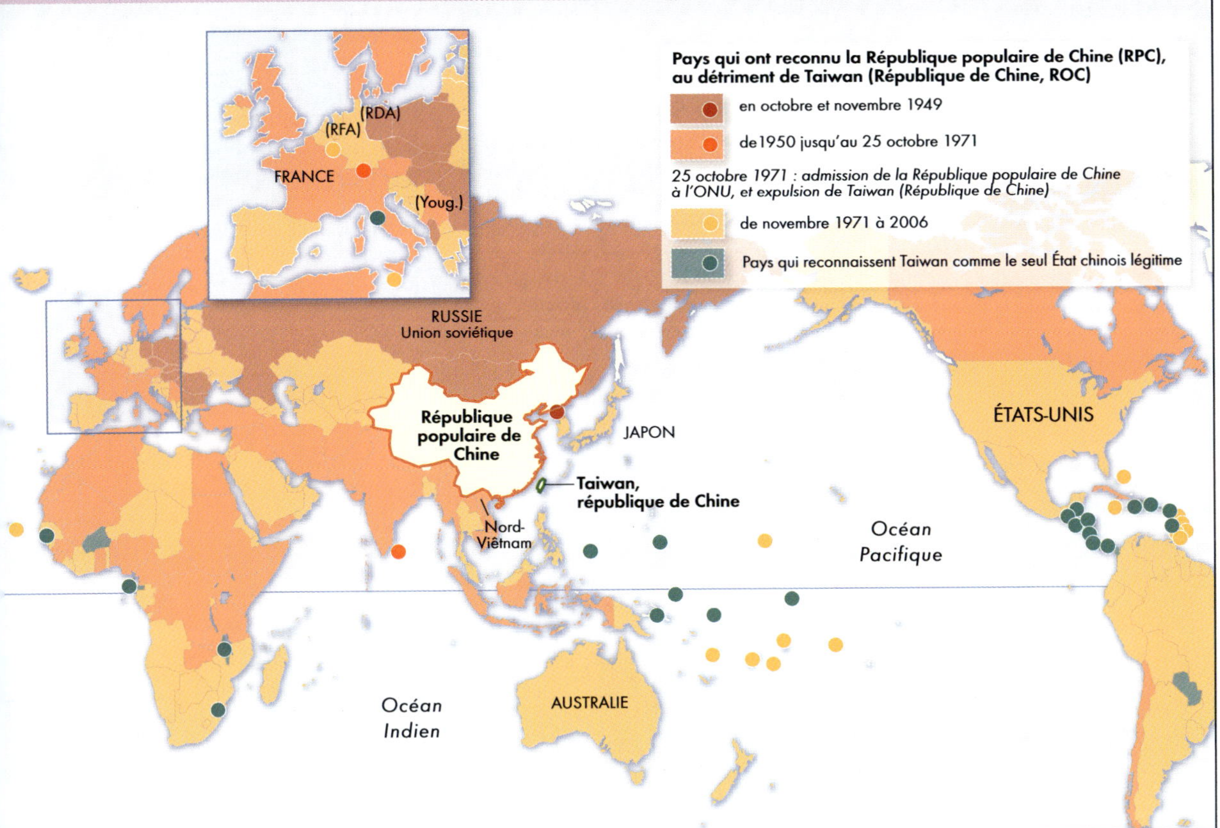


## Comment peut-on être chinois ?

Le cas taiwanais pose une question fondamentale : la sinité peut-elle exister en dehors de l'unité étatique ? Peut-il y avoir plusieurs États chinois ? C'est pour Taiwan que la formule d'« un pays deux systèmes » a été inventée par la République populaire. L'indépendance économique, sinon politique, de l'île est d'autant moins remise en question qu'elle profite, en complémentarité, à chacun des partenaires.

### TAIWAN EN CHIFFRES

| en 2005 | Taiwan | ... et la Chine continentale ? |
|---|---|---|
| **Population** (millions d'habitants) | 22,8 | 1 307,5 |
| **Natalité** | 9 ‰ | 12 ‰ |
| **Mortalité** | 6 ‰ | 7 ‰ |
| **% des moins de 15 ans** | 19 % | 20 % |
| **% des 15-64 ans** | 72 % | 71 % |
| **% des plus de 64 ans** | 10 % | 9 % |
| **PIB** (en milliards de dollars américains) | 355 | 2 257 |
| **Secteur primaire** | 2 % (du PIB) | 13 % |
| **Secteur secondaire** | 25 % | 48 % |
| **Secteur tertiaire** | 74 % | 40 % |
| **Importations** (milliards de dollars américains) | 183 | 656 |
| **Exportations** (milliards de dollars américains) | 198 | 762 |

Source : Bureau national des statistiques, 2006.

## L'émergence du petit dragon

**LES ANNÉES 1950 : LA PRIORITÉ AGRICOLE.** Le pouvoir nationaliste entreprend une réforme agraire dès son arrivée sur l'île. Il développe l'agriculture et les besoins alimentaires sont rapidement couverts. Les capitaux issus du secteur primaire sont réinvestis dans l'industrie.

**LES ANNÉES 1960 ET 1970 : LE « PAYS-ATELIER ».** Les industries légères de main-d'œuvre se développent, notamment en milieu rural : agroalimentaire, textile, confection, industries du cuir, du bambou et du bois. Elles seront suivies par les équipements électriques et électroniques, l'informatique et les produits de communication. Les profits que les exportations dégagent sont à leur tour utilisés par le gouvernement pour la création d'industries lourdes : sidérurgie, pétrochimie, construction navale.

**LES ANNÉES 1980 : LE TEMPS DES DÉLOCALISATIONS.** Les délocalisations d'industries de main-d'œuvre se multiplient vers la Chine continentale, puis l'Asie du Sud-Est. La main-d'œuvre taiwanaise est devenue chère, exigeante et trop peu abondante. Les terrains deviennent aussi rares et coûteux. L'opinion se préoccupe d'une pollution excessive. Certaines des industries des phases précédentes se maintiennent toutefois, en s'adaptant comme les industries de nouvelles technologies.

**LES ANNÉES 1990 ET 2000 : LE PÔLE TERTIAIRE.** Les services dépassent désormais les industries. L'objectif majeur est le développement du tertiaire supérieur, avec l'élaboration d'un centre régional de services pour l'Asie-Pacifique. Taiwan profite pour cela d'un encadrement de haut niveau largement formé au Japon et aux États-Unis.

**LE MODÈLE TAIWANAIS ?** Le développement économique a longtemps été dominé par le gouvernement, des entreprises nationales ou du parti au pouvoir. Des plans successifs ont été définis dès 1953. Il s'est aussi appuyé sur un dense réseau de petites et moyennes entreprises efficacement intégrées à l'économie mondiale. Depuis le milieu des années 1990, le gouvernement mène une politique de privatisations.

# LA CHINE, NOUVELLE PUISSANCE ÉCONOM

***La croissance de l'économie chinoise a atteint des records mondiaux depuis le début des réformes. Le produit intérieur brut a plus que décuplé en un quart de siècle. La Chine a dépassé la Grande-Bretagne, et se place au 4e rang derrière les États-Unis, le Japon et l'Allemagne. Elle compte pour 5 % du produit intérieur brut mondial. En Asie, le Japon assure la moitié du produit intérieur brut de l'Asie contre un quart pour la Chine. Si cette dernière a suivi le modèle des petits dragons asiatiques en combinant industries exportatrices et protection des industries locales, son poids en fait aujourd'hui une grande puissance économique.***

## Les nouveaux équilibres économiques

**L'ÉMERGENCE CHINOISE.** Elle a accentué l'intégration économique de l'Asie orientale et mené à de nouveaux équilibres régionaux par une réorganisation des productions et des échanges commerciaux. Les deux tiers des importations de biens manufacturés des pays asiatiques sont aujourd'hui intra-régionaux.

**LA POLARISATION DE L'ESPACE ASIATIQUE SUR LA CHINE.** Dans les années 1990, la Chine devient le pivot d'une nouvelle division régionale du travail. Les entreprises des pays industrialisés asiatiques et les multinationales américaines ou européennes investissent largement en Chine. Elles y bénéficient d'une main-d'œuvre bon marché, de structures institutionnelles et d'équipements favorables et d'une sécurité politique. La Chine est une plateforme de production d'échelle régionale qui importe des pièces, des composants ou des produits intermédiaires des pays d'Asie, elle les transforme et assemble, puis exporte les produits une fois finis vers les marchés mondiaux. Le volume des composants importés par la Chine correspond à un quart de ceux qui sont échangés en Asie, et désormais elle exporte aussi des composants.

**LES LIEUX DE COOPÉRATION RÉGIONALE.** Les liens entre la Chine et ses partenaires asiatiques se polarisent. Les complémentarités régionales entre Hong Kong et le delta de la rivière des Perles remontent aux années 1980. Les entreprises taiwanaises ont délocalisé leurs unités de production au Fujian et investissent de plus en plus dans la région de Shanghai, tout en gardant sur l'île les pôles de commandement et de recherche. La Corée du Sud participe à la zone économique de la mer Jaune.

CROISSANCE DES PIB EN ASIE

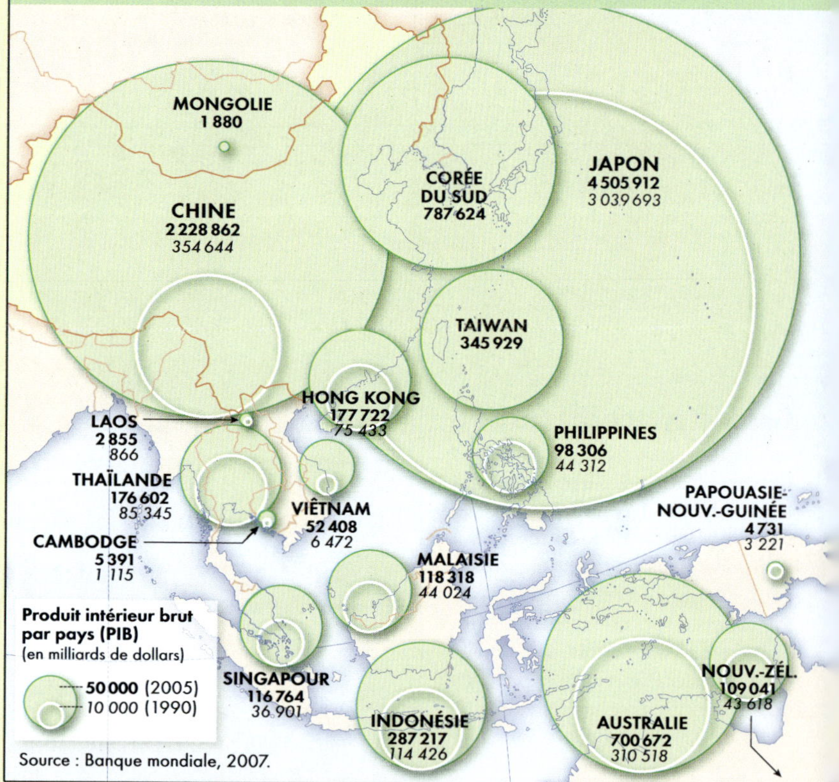

Source : Banque mondiale, 2007.

IQUE EN ASIE

## Un partenaire pour l'Asie du Sud-Est

**Des échanges croissants.** Les pays de l'Asie du Sud-Est développent leurs échanges avec la Chine. S'ils sont concurrents de la production chinoise dans les industries de main-d'œuvre, ils intensifient leurs échanges dans le secteur de l'électronique (exportations de composants et importations de produits finis) et exportent surtout vers la Chine leurs produits agricoles et alimentaires. Les gains tirés de ces liens commerciaux et des investissements sur le continent chinois profitent à la plupart des économies de la région.

**Le partenariat institutionnel.** La politique régionale de la Chine tend à rassurer ses voisins. Elle se traduit par la multiplication d'accords bilatéraux et multilatéraux favorisant la coopération et le libre-échange. L'accord ASEAN plus Trois est conclu entre l'ASEAN, la Chine, la Corée du Sud et le Japon en 1997.
Après la crise financière asiatique de 1997-1998, qui a renforcé la position de la Chine comme l'un des principaux leaders économiques de la région, ces pays signent un accord de coopération monétaire ouvrant à des prêts mutuels de devises en cas de risque de déstabilisation en mai 2000. La Chine a signé un accord de libre-échange avec l'ASEAN à l'horizon 2010-2015.

### LE COMMERCE EXTÉRIEUR

**Destination des exportations chinoises** par continent, en 2005

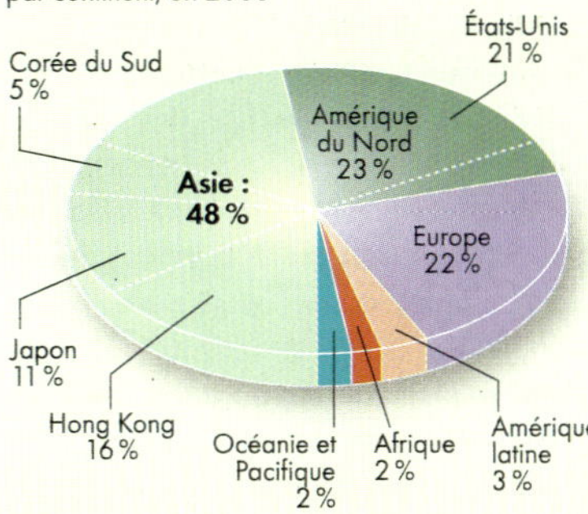


**Origine des importations chinoises** par continent, en 2005

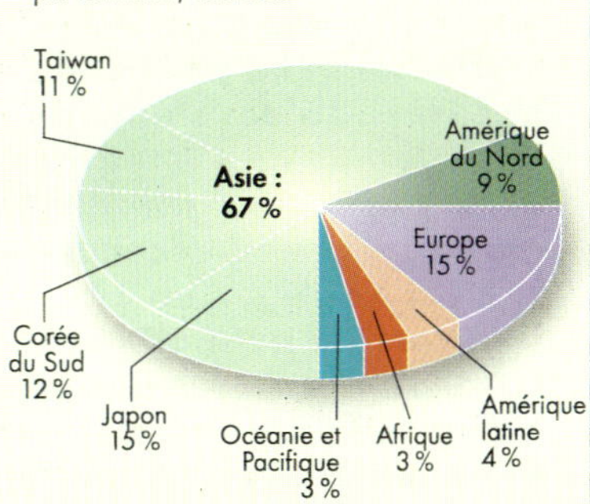


Source : Bureau national des statistiques, 2006.

> *Si l'intégration économique et commerciale de la Chine continentale, de Taiwan et de Hong Kong se poursuit, cet ensemble représenterait en 2020 près de 10 % du produit intérieur brut mondial.*
> Françoise Lemoine, *L'Économie chinoise.*

### LA CHINE ET SES PRINCIPAUX PARTENAIRES COMMERCIAUX

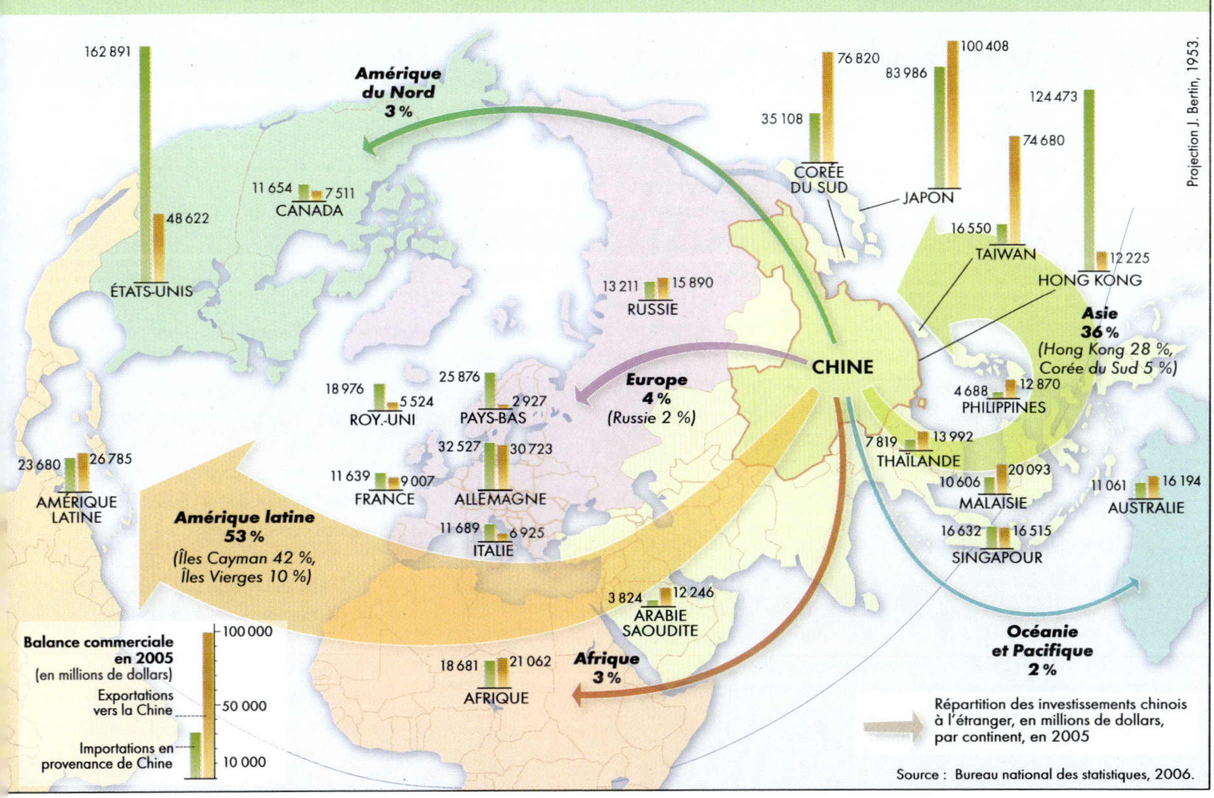


Source : Bureau national des statistiques, 2006.

# LES STRATÉGIES GÉOPOLITIQUES EN ASIE

***L'entrée de la République populaire sur la scène internationale depuis 1971 a exigé sa reconnaissance institutionnelle par l'ONU, les États-Unis et la plupart des États. Le développement économique impulsé en 1978 lui a permis de s'intégrer au système économique mondial et l'a posée en « grand mondial » dans la mesure où elle était un « grand » économique en Asie, comme l'a montré la crise asiatique de 1997-1998. La Chine a enfin modernisé sa stratégie géopolitique ces dernières années. Elle s'engage dans des configurations multilatérales, mène une politique de présence sur tous les continents et revendique un statut de puissance mondiale.***

## L'Organisation de coopération de Shanghai

La Chine et la Russie s'unissent dans le groupe de Shanghai aux Kazakhstan, Kirghizistan et Tadjikistan.

L'Organisation de coopération de Shangai est créée en 2001. L'Ouzbékistan s'y joint à cette date, puis – en tant que pays observateurs –, la Mongolie (2004), l'Inde, le Pakistan et l'Iran (2005).

Initialement destinée à stabiliser la région centrasiatique en luttant contre les talibans et les mouvements séparatistes et fondamentalistes, l'Organisation de coopération de Shangai entend dorénavant promouvoir des synergies de développement économique.

## Les frontières, une question largement résolue

**Des litiges hérités.** Le repositionnement régional de la Chine a demandé le règlement de litiges frontaliers hérités de l'histoire. Ces frontières ont été imposées par les empires coloniaux européens en Asie au XIXe siècle et sont issues de « traités inégaux » dénoncés par la Chine moderne : l'empire russe au nord, les empires russe et britannique à l'ouest, l'Indochine française au sud-ouest. À rebours, cette délimitation extérieure du territoire chinois est, pour la Chine, une justification supplémentaire de sa présence en Mongolie intérieure, au Xinjiang et au Tibet.

**Les frontières reconnues dès les années 1960.** Certaines frontières ont fait l'objet d'accords diplomatiques avec la Birmanie en 1960, le Népal en 1961, la Mongolie en 1962, l'Afghanistan et le Pakistan en 1963. Mais les frontières avec les puissants voisins soviétique, indien et vietnamien restent à régler et sont le prétexte de conflits militaires, avec l'Union indienne en 1962, l'Union soviétique en 1969 et le Viêtnam en 1979.

**Le rapprochement avec Moscou.** La Chine normalise ses relations avec Moscou dès l'arrivée au pouvoir de Mikhaïl Gorbatchev. Plusieurs accords de délimitation frontalière sino-russe sont signés entre 1991 et 2004. Le principe d'une frontière passant au niveau du chenal de l'Amour est assez tôt adopté, mais la question des dernières îles ne semble résolue qu'en 2004.

**Les nouveaux États d'Asie centrale.** Avec la disparition de l'Union soviétique, les États d'Asie centrale, indépendants, régularisent leurs frontières avec la Chine. Seule celle avec le Tadjikistan, au niveau du Pamir oriental, reste contestée par la Chine. Des liens régionaux ont surtout pris forme avec l'Organisation de coopération de Shanghai.

**L'Union indienne, le rival continental.** Les questions de l'Aksai Chin au nord-ouest et de la ligne Mac-Mahon au nord-est de l'Union indienne restent des causes de tensions entre les gouvernements chinois et indien. Ceux-ci privilégient depuis peu un dialogue de coopération commerciale et d'ouverture frontalière ponctuelle, laissant à l'écart ces revendications territoriales.

**Le Viêtnam, de la terre à la mer.** La Chine et le Viêtnam se sont accordés sur leurs frontières terrestres communes dans les années 1990. Les points de litige sont les délimitations de leurs eaux territoriales, avec notamment les Paracel.

### DU GROUPE À L'ORGANISATION DE COOPÉRATION DE SHANGHAI

## La question du nucléaire nord-coréen

Les négociations à six (les deux Corée, la Chine, les États-Unis, la Russie et le Japon) sur le nucléaire nord-coréen depuis 2003 permettent à la Chine de se poser en acteur clé dans la sécurité de la péninsule coréenne. Pékin soutient Pyongyang, tout en jouant les intermédiaires entre Kim Jong-il et George W. Bush, et sa diplomatie a abouti à l'accord de dénucléarisation militaire de la Corée du Nord en février 2007.

## LA CHINE ET L'ASEAN

## LES RÈGLEMENTS FRONTALIERS DE LA RÉPUBLIQUE POPULAIRE DE CHINE

> « *La relation sino-indienne va être l'une des relations bilatérales les plus importantes dans les dix ans à venir, simplement en raison des poids démographiques et économiques.* »
>
> PRANAB MUKHERJEE, MINISTRE INDIEN DES AFFAIRES ÉTRANGÈRES.

## LA CONQUÊTE DE L'ESPACE

URSS, Russie — États-Unis — Europe — Chine

| | |
|---|---|
| 1957 | Lancement de Spoutnik I |
| 1958 | Lancement d'Explorer |
| 1961, avril | Envoi de Iouri Gagarine dans l'espace |
| 1961, mai | Envoi d'Alan Shepard dans l'espace |
| 1969 | Premiers pas sur la Lune |
| 1971 | Lancement de la station spatiale habitée Saliout |
| 1975 | Rendez-vous orbital américano-soviétique |
| 1979 | Lancement de la fusée Ariane |
| 1982 | Envoi de Jean-Loup Chrétien dans l'espace |
| 1998 | Mise en place du premier module de la station spatiale internationale |
| 2001 | Dennis Tito, premier touriste dans l'espace |
| 2003 | Envoi de Yang Liwei dans l'espace |

# L'ENJEU ÉNERGÉTIQUE

***La Chine est le deuxième consommateur d'énergie dans le monde derrière les États-Unis. Elle en est le troisième producteur après les États-Unis et la Russie. Elle est également le premier producteur mondial de charbon et le deuxième producteur en puissance électrique installée. La croissance de son économie et de sa consommation domestique, notamment urbaine, fait du pays la première demande en énergie primaire dans la période 2000-2020. Sa part mondiale sera de 16 % en 2020. La dépendance de la Chine en énergie primaire et en matières premières va ainsi grandissante, et elle la fragilise à court terme sur les plans économique et géopolitique.***

## La présence en Afrique

Le gouvernement chinois a reçu les dirigeants de 48 pays d'Afrique en 2006. Seuls cinq États africains ont des relations diplomatiques avec Taiwan. La stratégie africaine de la Chine est d'avoir accès aux ressources dont elle a besoin : pétrole, gaz, cuivre, bois. Elle souhaite y développer des activités industrielles et commerciales. Elle est le troisième partenaire de l'Afrique, derrière les États-Unis et la France.

### LES RESSOURCES ÉNERGÉTIQUES DE LA CHINE

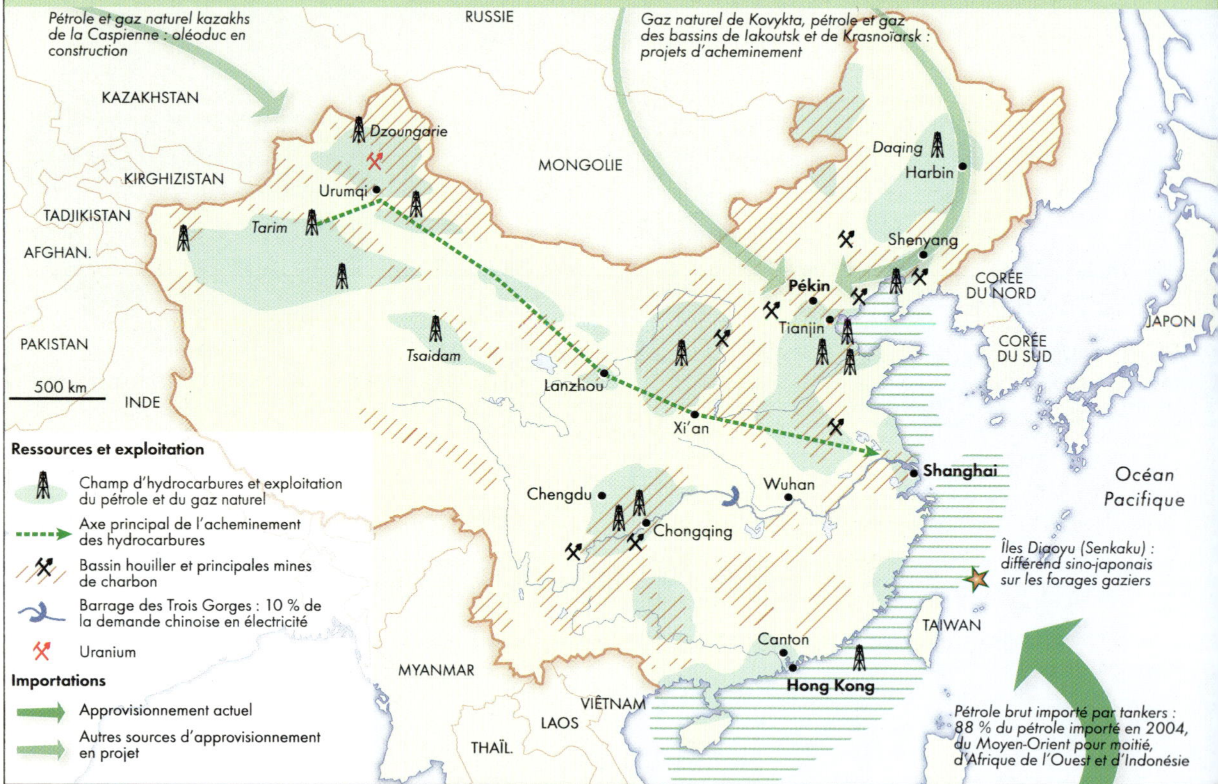


## Une dépendance grandissante

**LE CHARBON.** La Chine dépend encore largement du charbon, dont elle est à la fois le premier producteur et le premier consommateur dans le monde. Il correspond à 70 % de son offre d'énergie primaire. Cette industrie devrait continuer à se développer avec l'expansion des centrales thermiques et l'essor d'une sidérurgie dynamique.

**LE PÉTROLE.** Le pétrole assure 25 % de l'offre d'énergie primaire, mais le ratio entre les importations et la demande chinoise se dégrade : il atteint 40 % désormais.

**LE GAZ.** Le gaz ne représente que 2 % de la balance énergétique chinoise, mais devrait s'élever à terme entre 5 et 10 %. Le gouvernement chinois multiplie les projets de gisements et de pipelines, et cherche à intégrer son alimentation en gaz naturel et gaz liquéfié aux réseaux asiatique et international.

**L'ÉLECTRICITÉ.** La production nucléaire et hydraulique d'électricité et l'énergie de biomasse – combustion de bois, de tourbe ou d'éthanol – ne représentent que 3 % de l'offre énergétique primaire. Le gouvernement chinois voudrait porter ce ratio à 4,5 % en 2020.

**LES MINERAIS MÉTALLIQUES.** Les réserves chinoises en minerais métalliques sont considérables : 17 % de la production mondiale d'aluminium, 10 %

## LES STRATÉGIES ÉNERGÉTIQUES DE LA CHINE DANS LE MONDE

## La question pétrolière

**De l'autosuffisance...** La Chine est le cinquième producteur mondial de pétrole et son deuxième consommateur. Longtemps, l'exploitation de gisements découverts dans les années 1950 a permis une politique d'autosuffisance. Mais l'accélération de la demande depuis la fin des années 1970 rencontre aussi les limites des réserves nationales.

**... à la dépendance.** La Chine est devenue importatrice de pétrole en 1993. La demande pétrolière croît de plus de 10 % par an depuis 2000, en raison de l'industrialisation mais aussi de l'urbanisation et du développement du marché automobile dans le pays. La Chine devrait importer 60 % de son pétrole en 2030.

**Un approvisionnement diversifié.** La Chine importe massivement du pétrole du Moyen-Orient, de l'Afrique et de l'Amérique latine. Ces trois régions représentent 70 % de ses importations. Pour assurer son alimentation en pétrole et en gaz, la Chine mène actuellement une stratégie tous azimuts, sur tous les continents. Cette stratégie combine la diversification des fournisseurs de la Chine en pétrole et en gaz, en Afrique et en Amérique latine, la multiplication des routes d'approvisionnement, notamment en Asie centrale et en Russie, et l'accès direct aux ressources du Moyen-Orient.

### IMPORTATIONS ET EXPORTATIONS DE PÉTROLE BRUT

Source : Bureau national des statistiques, 2006.

## Les grands groupes pétroliers chinois

Le gouvernement chinois a regroupé, puis établi quelques très grands groupes pétroliers nationaux. Ceux-ci sont certes des sociétés par actions depuis la fin des années 1990, mais ils restent toutefois très liés à l'État central, et leurs cadres dirigeants poursuivent alternativement leur carrière dans ces entreprises et dans l'administration ministérielle. Il s'agit de Petrochina, CNPC et CNOOC. Pékin les aide à créer des liens bilatéraux avec tous les pays producteurs, à prendre des parts de marché et à acquérir des gisements à l'étranger. En Chine, ces groupes pétroliers ont développé un dense réseau de stations-service, qui, bien qu'il leur soit depuis peu partiellement ouvert, n'est pas réellement menacé par l'implantation des autres grands groupes étrangers, à la différence du secteur de la grande distribution.

de celle de cuivre, 22 % pour le zinc, 19 % pour le plomb et 29 % pour l'étain. Malgré son importance à l'échelle mondiale, la production est insuffisante devant la croissance de l'économie.
Les importations chinoises d'alumine, de cuivre, de zinc, de nickel, de minerai de fer augmentent fortement. Elles ont un impact important sur l'équilibre des marchés mondiaux et poussent les prix à la hausse.

> « ***La vision chinoise de sa sécurité énergétique reste fondamentalement « stratégique », privilégiant une intervention de l'État sur les marchés nationaux couplée à des initiatives politiques vis-à-vis des pays producteurs.*** »
> Michal Meidan, *Hérodote*, n° 125.

### L'ÉVOLUTION DE LA CONSOMMATION D'ÉNERGIE

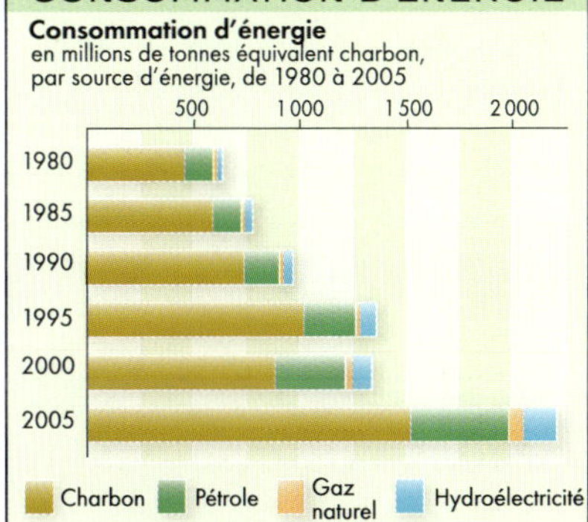


Source : Bureau national des statistiques, 2006.

# UN GÉANT MILITAIRE ?

***La doctrine militaire de la République populaire garde pour priorité la protection du régime communiste. La Commission militaire centrale est l'instance décisionnelle suprême de l'Armée populaire de libération, sa présidence est surtout le plus important poste de pouvoir, que les hommes forts du régime ont toujours occupé, avec la présidence de la République et le secrétariat général du Parti communiste. Sous l'impulsion de Deng Xiaoping dès la fin des années 1970, l'armée chinoise s'est modernisée et professionnalisée. Elle a abandonné la théorie de la « guerre populaire » pour s'adapter aux exigences technologiques des conflits modernes.***

## LES MISSILES CHINOIS

| Type | Lanceurs/missiles | Portée |
|---|---|---|
| CSS-4 ICBM | 20/20 | 8 460 km |
| CSS-3 ICBM | 10-14/20-24 | 5 470 km |
| CSS-2 IRBM | 6-10/14-18 | 2 790 km |
| CSS-5 MRBM Mod 1/2 | 34-38/19-50 | 1 770 km |
| JL-1 SLBM | 10-14/10-14 | 1 770 km |
| CSS-6 SRBM | 70-80/275-315 | 600 km |
| CSS-7 SRBM | 10-120/135-475 | 300 km |
| JL-2 SLBM | en cours | 8 000 km |
| DF-31 ICBM | en cours | 7 250 km |
| DF-31A ICBM | en cours | 11 270 km |

Source : *Annual Report to Congress Military Power of the RPC*, 2006.

## LES EFFECTIFS MILITAIRES

| Forces terrestres | Effectifs | Tanks, chars | Pièces d'artillerie |
|---|---|---|---|
| Chine | 1 400 000 | 7 000 | 11 000 |
| Taiwan | 130 000 | 1 800 | 3 200 |
| **Forces aériennes** | Chasseurs | Bombardiers | Transport |
| Chine | 1 525 | 775 | 450 |
| Taiwan | 330 | 0 | 40 |
| **Forces navales** | Navires | Sous-marins classiques | Sous-marins nucléaires |
| Chine | 120 | 50 | 5 |
| Taiwan | 40 | 4 | 0 |

Source : *Annual Report to Congress Military Power of the RPC*, 2006.

## La modernisation de l'Armée populaire de libération

**L'ABANDON DE LA STRATÉGIE MAOÏSTE.** La doctrine de la « guerre populaire » est progressivement remise en cause avec le retour au pouvoir de Deng Xiaoping à la fin des années 1970, la création de nouvelles écoles militaires comme l'Université de défense nationale en 1985 et la guerre du Golfe en 1991.

**LE TOURNANT DE LA PREMIÈRE GUERRE DU GOLFE.** Ce conflit révèle l'urgence d'une réorientation stratégique et d'une modernisation technologique de l'armement. Le budget de la défense chinoise connaît depuis une augmentation régulière de plus de 10 % en moyenne par an.

**LA GUERRE MODERNE.** La doctrine de la « guerre populaire sous des conditions modernes » remplace la stratégie maoïste. L'Armée populaire de libération doit envisager des conflits d'échelle locale, frontaliers voire hors du territoire national, et ses stratégies sont censées anticiper une agression extérieure et la devancer par une action préventive, ciblée et rapide. Les villes et les points névralgiques de l'économie du pays deviennent les priorités du dispositif de défense armée.

**DE NOUVEAUX CONCEPTS.** Les concepts clés des stratégies militaires chinoises deviennent ainsi ceux de « frontière stratégique », de « dissuasion stratégique », de « victoire par des troupes d'élite », d'« initiative victorieuse par une attaque en premier », de « victoire de la supériorité sur l'infériorité » et d'« engagement d'une bataille rapide pour aboutir à une conclusion rapide ». L'objectif est dorénavant de gagner une « guerre limitée dans des conditions de haute technologie ».

**VERS UNE ARMÉE DE MÉTIER.** L'arrivée aux commandes de l'armée chinoise d'une génération d'officiers qui ont fait leurs premières armes pendant la guerre de Corée pousse à une professionnalisation. Il s'agit de former des unités de base peu nombreuses, fortement équipées et disponibles pour des actions ponctuelles. Les effectifs de l'Armée populaire de libération sont passés de 4 à 2,3 millions d'hommes depuis 1980).

**Régions militaires**

7 régions militaires

Effectifs estimés par région en 2003

- 300 000
- 250 000
- 228 000
- 180 000-190 000

Capitale de région militaire

3 flottes

Capitale de flotte

**Forces terrestres**

Divisions en place

**Forces aériennes**

Base aérienne

**Forces navales**

Bâtiments de la flotte

**La menace militaire chinoise dans le détroit de Taiwan**

- Forces terrestres
- Forces aériennes
- Forces navales
- Missiles

Source : David Shambaugh, *Modernizing China's Military*, University of California Press, Berkeley, 2002.

> *Dans la guerre de résistance, nos forces régulières opèrent à l'intérieur des lignes et nos détachements de partisans à l'extérieur : l'ennemi est enserré dans une tenaille.*
>
> MAO ZEDONG, *SIX ÉCRITS MILITAIRES.*

## Que doit-on redouter ?

**LES AMBIGUÏTÉS DE LA PUISSANCE.** Si sa doctrine reste strictement défensive, l'armée chinoise contribue aussi au maintien de l'ordre intérieur et au renforcement de la stratégie diplomatique du pays grâce à l'acquisition de moyens crédibles de coercition. La question taiwanaise et les possibilités d'une intervention américaine sont les principaux défis avancés en interne.

**DES FORCES ARMÉES À PLUSIEURS VITESSES.** L'accent est mis sur la création d'unités disposant des moyens technologiques les plus modernes, notamment en technologies de l'information. Par contre, la grande majorité des forces militaires demeurent très mal équipées.

**UN RETARD À COMBLER.** Les capacités navales et aériennes accusent un retard considérable face à celles des pays occidentaux, et notamment des principales puissances présentes dans la région, les États-Unis et le Japon.

**LE SOUTIEN RUSSE.** Alors que l'embargo européen sur les ventes d'armes date de la répression de 1989, la Russie est devenue le premier fournisseur d'armes de la Chine dans les années 1990. Elle lui a vendu quatre destroyers Sovremenny équipés de missile de croisière, de nouveaux sous-marins Kilo, ainsi que des avions de combat SU-27 et SU-30, et de transport Il-76.

## La guérilla maoïste

La doctrine maoïste est centrée sur la « guerre populaire ». Elle privilégie la guerre de partisans, suivant une stratégie d'attraction de l'ennemi à l'intérieur du pays, en abandonnant certaines régions ou villes, pour mieux le harceler ensuite et l'éliminer avec une participation active du peuple lui-même. Une telle stratégie d'attaque exige de former la population à des techniques de guérilla armée et elle aboutit à la création d'une très nombreuse milice à l'échelle de la Chine, que les dirigeants communistes forment dans le cadre des territoires administratifs et politiques mis en place dans les années 1950. La milice, prolongée par les forces en réserve de l'Armée populaire de libération, compte des millions de civils jusqu'à la modernisation de l'armée chinoise dans les années 1980.

### LA DISTRIBUTION GÉOGRAPHIQUE DES FORCES ARMÉES EN ASIE

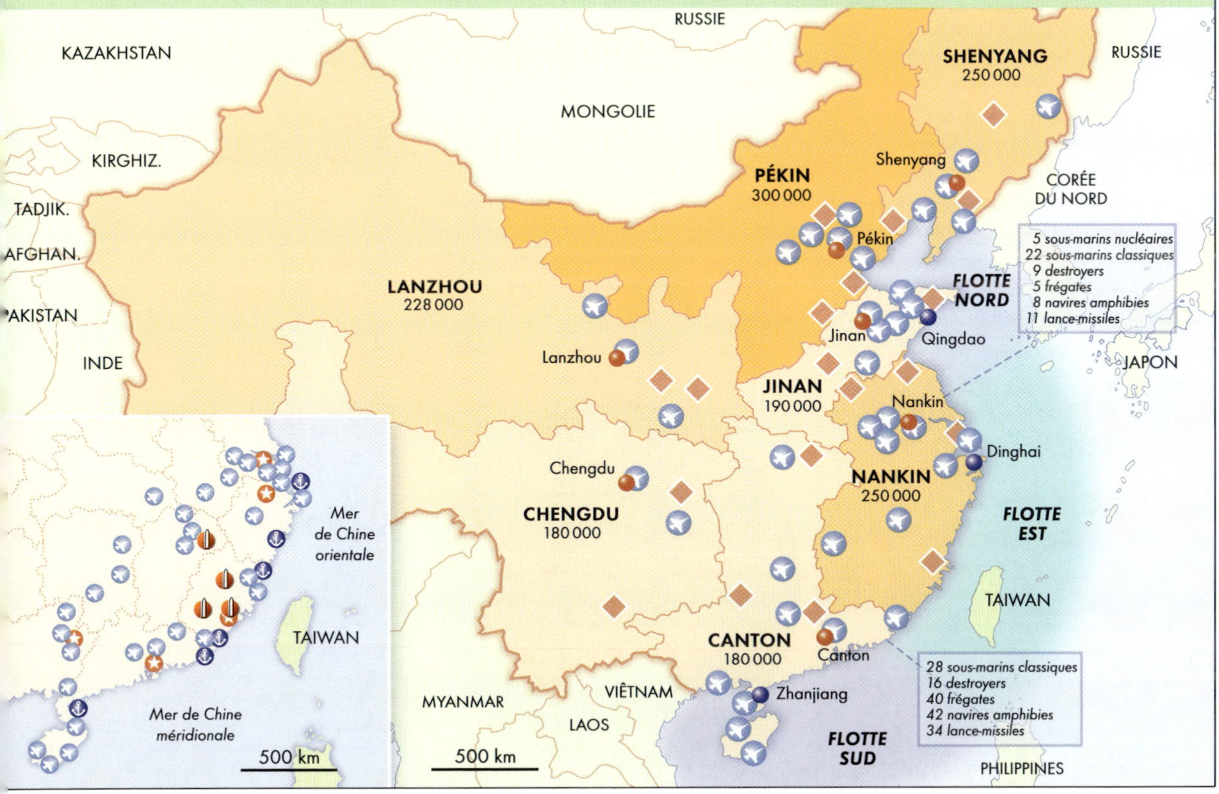

# LE FACE-À-FACE SINO-AMÉRICAIN

***Deng Xiaoping a très tôt affirmé que le vecteur de puissance et de rayonnement international n'était plus le culturel ou le politique, comme sous l'Empire ou le maoïsme, mais l'économique. Les réformes lancées en 1978 ont été mises au service d'une véritable visée géopolitique et historique, qui, après l'unité retrouvée en 1949, complétée des rétrocessions de Hong Kong en 1997 et Macao en 1999, où seule manque désormais Taiwan, veut restaurer le statut mondial de la Chine. Mais, même en tant que nouvelle puissance économique, la Chine ne peut plus se percevoir comme le seul pôle organisateur du monde : l'hyperpuissance états-unienne l'en empêche.***

## De la guerre de Corée au déficit commercial américain

**Le danger d'une Asie rouge.** Les relations sino-américaines ne peuvent jamais être isolées des débats politiques intérieurs de chacun des deux pays. La victoire du Parti communiste chinois en 1949 et surtout la guerre de Corée en 1950 sont à l'origine d'une vague anticommuniste virulente aux États-Unis, qui n'a pu qu'aggraver le contexte de guerre froide déjà existant avec l'Union soviétique.

**La reconnaissance de la République populaire.** La Chine s'estime menacée sur ses frontières terrestres par l'Union soviétique et ses alliés après sa rupture avec Moscou en 1960. Elle se tourne progressivement vers les États-Unis et la visite de Nixon à Pékin en 1972 permet d'établir un compromis central. Les deux pays reconnaissent leurs désaccords mutuels sur Taiwan, mais s'entendent pour geler la situation. Les relations diplomatiques sont officiellement établies en 1978.

**La question taiwanaise.** Le seul incident armé dans le détroit de Taiwan est le bombardement des îles taiwanaises de Quemoy et Matsu, suivi d'une interposition de la VIIe flotte américaine en 1958. Des tirs de missiles chinois autour de Taiwan poussent de nouveau le gouvernement américain à faire sillonner le détroit par ses porte-avions en 1996. Mais le statu quo s'impose sur la longue durée et les États-Unis restent de toute manière liés à la défense de l'île par le Taiwan Relations Act voté par le Congrès en 1979.

**Une interdépendance économique à risque.** Cette interdépendance se traduit par des investissements américains, des délocalisations industrielles et une implantation tous azimuts, du secteur de la grande distribution à celui de l'enseignement supérieur, des États-Unis en Chine continentale. En retour, le déficit commercial américain avec la Chine s'élève aussi à plus de 200 milliards de dollars en 2005 et près de 850 milliards de dollars de réserves en devises chinoises sont le plus souvent détenues sur le Trésor américain, sous forme monétaire ou d'obligations.

### LE COMMERCE SINO-AMÉRICAIN

**Balance commerciale Chine – États-Unis**
en milliards de dollars, de 1994 à 2005

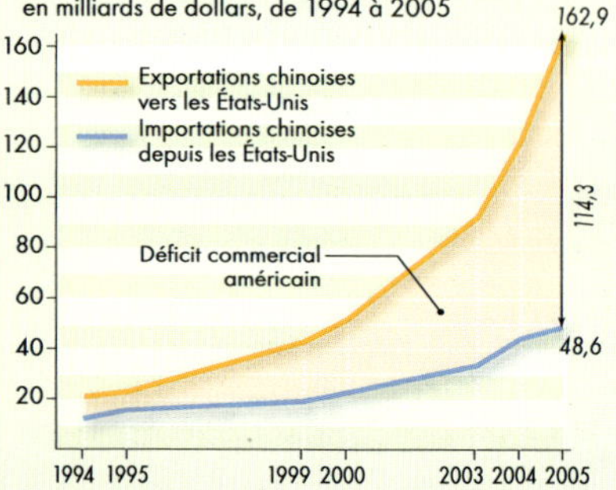


Source : Bureau national des statistiques, 2006.

> ***Les dirigeants chinois croient qu'ils peuvent continuer à ouvrir l'économie de leur pays sans ouvrir aussi leur système politique. Nous ne sommes pas d'accord.***
>
> George W. Bush.

### 12 DATES CLÉS DEPUIS 1949

- **1949, 1er octobre**
  Proclamation de la République populaire de Chine
- **1950–1953**
  Guerre de Corée
- **1958**
  Bombardement de Quemoy et Matsu par la Chine populaire, suivi d'une interposition de la VIIe flotte américaine dans le détroit de Taiwan
- **1971**
  Fin de l'embargo américain sur le commerce avec la Chine et visites secrètes d'Henry Kissinger à Pékin ; accession de la République populaire à l'Organisation des Nations unies ; visite de Nixon à Pékin l'année suivante
- **1979**
  Reconnaissance par les États-Unis de la République populaire de Chine et voyage de Deng Xiaoping outre-Pacifique ; vote du *Taiwan Relations Act* par le Congrès américain
- **1989**
  Restrictions législatives dans le domaine militaire adoptées après les événements de Tian'anmen
- **1994**
  Instauration d'un taux de change unique : 8,28 yuans pour un dollar des États-Unis
- **1995-1996**
  Tirs de missiles continentaux sur Taiwan à la suite du voyage du président Lee Teng-hui aux États-Unis et avant sa réélection au suffrage universel, suivis d'une interposition de la VIIe flotte américaine dans le détroit de Taiwan
- **1999**
  Bombardement de l'ambassade de Chine à Belgrade par des avions de l'OTAN sous commandement américain
- **2001**
  Entrée dans l'Organisation mondiale du commerce
- **2005**
  Loi anti-sécession concernant Taiwan ; conflits commerciaux sur les textiles avec les États-Unis et l'Union européenne ; taux de change du yuan fixé par rapport à un panier de monnaies (dollar, euro, yen)
- **2006**
  Visite de Hu Jintao aux États-Unis célébrant « la paix, le développement et la coopération »

## L'ENCERCLEMENT AMÉRICAIN

D'après *Atlas du Monde diplomatique*, Armand Colin, Paris, 2006.

# Le choc des puissances

**LE RIVAL CHOISI.** Les Chinois inventent désormais leur modernité sur le modèle choisi, admiré et détesté à la fois des États-Unis. Dès janvier 1979, le voyage de Deng Xiaoping aux États-Unis définit l'ambition qu'a la Chine aujourd'hui : il lui faut relever le défi américain, un défi qu'elle s'est elle-même donné dans un premier temps pour valoriser sa place en Asie orientale face au Japon, à l'Asie du Sud-Est et à l'Inde. La Chine instrumentalise régionalement un effet de miroir avec l'hyperpuissance états-unienne.

**DEUX PERCEPTIONS DE LA PUISSANCE.** La rivalité de puissance entre la Chine et les États-Unis n'est pas pensée en termes équivalents de part et d'autre du Pacifique. Deux perceptions de leurs rôles respectifs dans le monde s'opposent. La Chine n'est pas prête à devenir le « gendarme du monde » et d'intervenir – également pour des raisons intérieures évidentes – sur les cinq continents au nom de principes comme la liberté, la démocratie ou les droits de l'homme…

**UNE CONCEPTION ÉGOCENTRÉE ET RELATIVISTE.** La Chine ignore, dans sa culture, les catégories abstraites. Elle ne sait pas ce que sont l'Asie ou le monde en soi, et ne les perçoit qu'à travers elle. La mondialisation chinoise part d'une analyse de son rayonnement mondial à partir d'une contiguïté spatiale. La Chine veut être un « grand » dans le monde, dans la mesure où elle s'impose avant tout comme la puissance régionale de l'Asie. Elle a longtemps été indifférente aux conflits lointains, étrangers à ses propres intérêts.

**L'ACTUALITÉ D'UN MONDE MULTIPOLAIRE.** Par son approche relativiste et sa volonté d'être une puissance mondiale depuis son rayonnement asiatique – profitant des faiblesses du Japon dues pour une large part au souvenir de la Seconde Guerre mondiale –, la Chine conçoit dès lors la mondialisation comme un processus d'unification des territoires à partir d'une multitude de mondes culturels, de pôles de puissance et d'États premiers. La mondialisation ne peut être, pour Pékin, que multipolaire.

## LES DEUX GRANDS EN CHIFFRES

**Comparaison entre la Chine et les États-Unis en 2005**

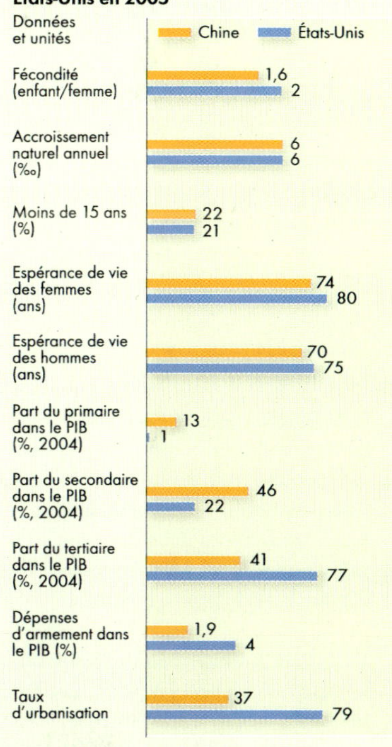


Source : Bureau national des statistiques, 2006.

# LES CHINOIS OUTRE-MER ET LE MONDE

***La Chine distingue principalement trois types de populations relevant de l'identité chinoise. Les « continentaux » (Daluren) sont les citoyens de la partie continentale de la République populaire. Les « compatriotes » (Tongbao) sont les Chinois de Hong Kong et Macao, dépendant depuis respectivement 1997 et 1999 de régions d'administration spéciale de la République populaire, ainsi que ceux de Taiwan, à savoir officiellement la République de Chine. Les autres populations chinoises à l'étranger, dont les ancêtres peuvent avoir émigré il y a plusieurs siècles, sont des « Chinois d'outre-mer » (Huaqiao) et ils forment la diaspora chinoise.***

LA DIVERSIFICATION DES FOYERS D'ÉMIGRATION ET LEUR DISTRIBUTION DANS LE MONDE

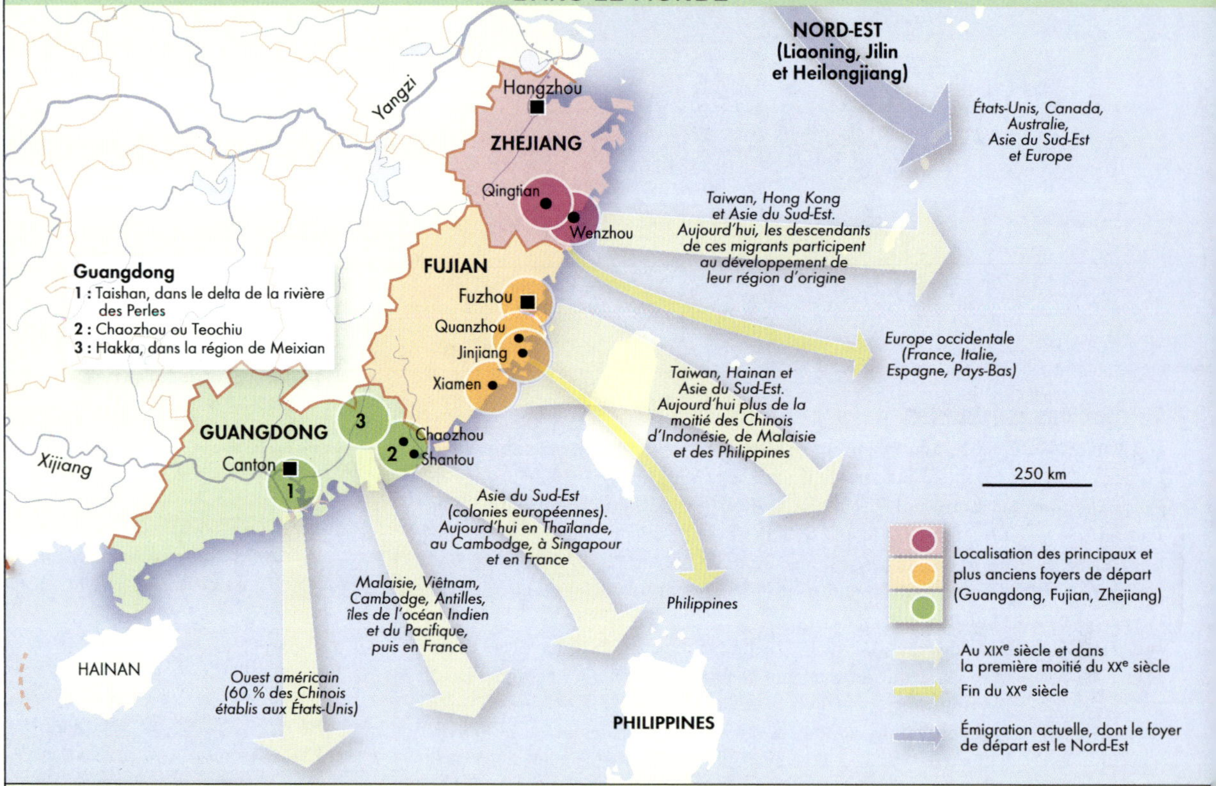


## La diaspora chinoise

**UNE COMMUNE ORIGINE MÉRIDIONALE.** Les neuf dixièmes de la diaspora chinoise viennent de trois provinces méridionales – le Guangdong, le Fujian et Hainan –, voire de quelques régions littorales au sein de ces provinces. Le cantonais est la langue dominante.

**L'ÉMIGRATION CHINOISE AU FIL DES SIÈCLES.** Les migrations vers l'Asie du Sud-Est remontent à la dynastie des Song. Mais la première vraie vague d'émigration date de la deuxième moitié du XIXe siècle pour répondre aux besoins en main-d'œuvre dans les colonies européennes en Asie du Sud-Est, en Amérique, en Afrique du Sud, dans les îles Caraïbes et dans l'ouest de l'océan Indien.

**UNE CONTINENTALISATION DE LA DIASPORA.** Depuis l'ouverture actuelle, une nouvelle vague d'émigration chinoise est originaire du Nord-Est de la Chine et il faut ajouter le nombre croissant d'étudiants chinois à l'étranger. Les liens économiques qui se multiplient avec la Chine continentale et son rayonnement médiatique accentuent les progrès du chinois mandarin au sein de la diaspora.

**LES DIASPORAS CHINOISES.** Les communautés chinoises dans le monde sont très diverses. Elles se distinguent par leurs lieux de départ, les dialectes qu'elles utilisent, leurs pratiques reli-

# CHINOIS AUJOURD'HUI

## LA DIASPORA CHINOISE DANS LE MONDE

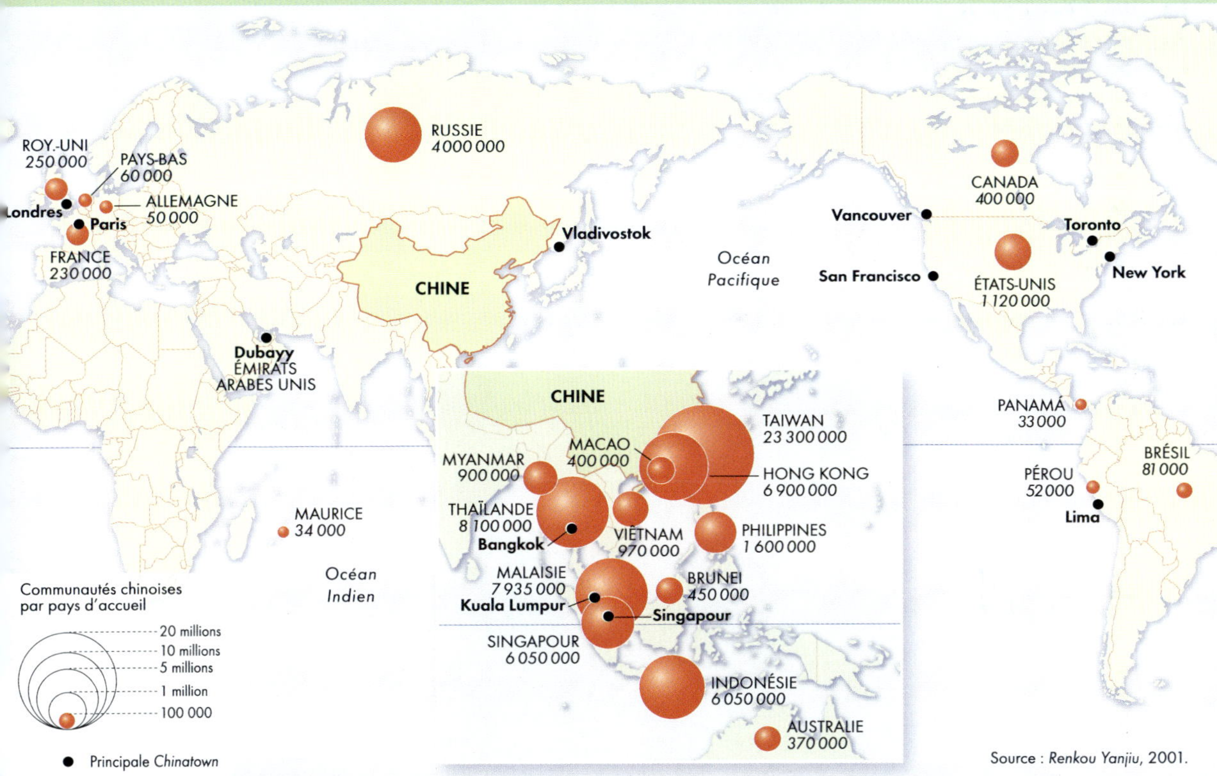


Source : *Renkou Yanjiu*, 2001.

> ***Au cours de l'histoire, des étrangers sont devenus chinois et des Chinois se sont intégrés à des peuples étrangers, tant à l'intérieur qu'à l'extérieur des frontières immenses et fluctuantes du pays.***
>
> WANG GUNGWU, *ENCYCLOPÉDIE DE LA DIASPORA CHINOISE.*

gieuses, les dates de leurs migrations, leurs pays d'accueil et la place économique qu'elles y occupent.

**UNE GRANDE DIVERSITÉ LINGUISTIQUE.** Elles appartiennent aux groupes linguistiques *yue* (ensemble cantonais), *min* (sud du Fujian) et *wu* (région de Shanghai), subdivisés en dialectes hainanais, cantonais, teochiu (chaozhou), hakka (kejia), wenzhou, qingtian, hokkien (fulian), shanghaïen, pékinois…

## Les liens renoués de la Chine avec la diaspora

**RÉSEAUX ET PÔLES D'ÉCHELLE MONDIALE.** Le sino-centrisme n'est pas la seule forme de mondialisation que la Chine ait connue dans l'histoire. Celle-ci hérite également des organisations réticulaires de sa diaspora à l'échelle mondiale et du rôle d'interfaces structurants de ses grandes métropoles littorales. Ces modes de rayonnement et d'accroche au système-monde sont renouvelés aujourd'hui et ils sont d'autant plus importants qu'ils font partie des composantes mêmes de la mondialisation.

**DE LA MONDIALISATION CHINOISE…** La globalisation, par sa multiplication des flux humains, économiques et d'informations qui lient la Chine toujours plus aux pays d'Asie et d'Occident, active avec une nouvelle intensité l'articulation diasporique chinoise. L'imbrication actuelle entre la Chine et les communautés extracontinentales pousse à concevoir l'espace chinois non plus dans ses seules contiguïtés spatiales, mais elle donne paradoxalement une nouvelle pertinence à la notion de « monde chinois ». Celui-ci est dès lors un espace proprement mondial, avec certes un pays de référence, mais aussi un éparpillement démographique dans le temps et l'espace couvrant les cinq continents.

**… À LA SINISATION DU MONDE.** Le monde chinois devient ainsi un espace humain multipolarisé dont les centres – d'échelles variées : métropoles côtières continentales, petits dragons chinois, acteurs économiques chinois de l'Asie du Sud-Est, *chinatowns* des grandes villes d'Amérique et d'Europe – s'intègrent à la trame plus large de l'espace mondial et participent de ses restructurations en cours.

# Repères

**Nous suivons ici la transcription alphabétique pinyin, adoptée en 1957 par la République populaire, de la prononciation en chinois mandarin de tous les mots communs et noms propres, à l'exception des noms dont l'appellation occidentale est déjà largement diffusée dans la langue française (Pékin, Nankin, etc.). Pour les noms propres relatifs à Hong Kong et Taiwan, leurs transcriptions locales ont été respectées.**

## Les transcriptions alphabétiques du chinois

| PINYIN | PRONONCIATION FRANÇAISE APPROCHANTE | EXCEPTIONS |
|---|---|---|
| *a* | a | *-ian* ou *yan* comme « hyène »<br>*ai* comme « ail » |
| *e* | e | *-ie* ou *ye* comme « Yémen »<br>*ei* comme « soleil » |
| *i / yi* | i | après *c*, *ch*, *r*, *s*, *sh*, *z* ou *zh* : « e »<br>*hui* comme « rouet » |
| *o / ou* | o | |
| *u* | ou | après *j*, *q*, *x* ou *y* : « u »<br>*yun* comme « ruine »<br>*-iu* précédé d'une consonne : « io » |
| *ü* | u | |
| *c* | ts (aspiré) | |
| *ch* | tch (aspiré) | |
| *g* | g dur | |
| *h* | jota espagnole | |
| *j* | dj sifflant | |
| *-n (an, in, un)* | -n (an comme « âne ») | |
| *-ng (ang, eng, ing, ong)* | -ng (*ying* comme « parking ») | |
| *q* | tch | |
| *r* | j | |
| *sh* | ch | |
| *w* | w- comme « Washington » | *wu* comme « ou » |
| *x* | ch sifflant | |
| *z* | dz | |
| *zh* | dj comme « jazz » | |

## LES PRINCIPALES PÉRIODES

| PÉRIODES | DATES |
|---|---|
| Shang | XVII$^{e}$ siècle-1025 av. J.-C. |
| Zhou | 1025-256 av. J.-C. |
| Printemps et Automnes | 722-481 av. J.-C. |
| Royaumes combattants | 481-221 av. J.-C. |
| Qin | 221-206 av. J.-C. |
| Han | 206 av. J.-C.-220 apr. J.-C. |
| Trois Royaumes | 220-265 |
| Tang | 618-907 |
| Song | 960-1279 |
| Song du Nord | 960-1127 |
| Song du Sud | 1127-1279 |
| Yuan (Mongols) | 1271-1368 |
| Ming | 1368-1644 |
| Qing (Mandchous) | 1644-1911 |

## LES PRINCIPALES DATES DE LA CHINE MODERNE ET CONTEMPORAINE

### PÉRIODE MODERNE (1839-1949)

| | |
|---|---|
| 1839-1842 | Première guerre de l'Opium • Traité de Nankin |
| 1850-1864 | Rébellion des Taiping |
| 1858-1860 | Deuxième guerre de l'Opium • Pillage de Pékin par les Franco-Anglais |
| 1894-1895 | Guerre sino-japonaise et traité de Shimonoseki |
| 1900 | Insurrection des Boxers • Siège des légations occidentales à Pékin |
| 1er JAN. 1912 | Proclamation par Sun Yat-sen de la République à Nankin |
| 1916-1927 | Période des « seigneurs de la guerre » |
| 1919 | Mouvement national et modernisateur du 4 mai |
| 1921 | Création du Parti communiste chinois à Shanghai |
| 1927 | Retournement de Chiang Kai-shek contre ses alliés communistes à Shanghai |
| 1927-1937 | Gouvernement nationaliste de Nankin |
| 1931 | Les Japonais envahissent la Mandchourie |
| 1934-1935 | La Longue Marche |
| 1937 | Offensive générale des Japonais • Massacre de Nankin en décembre |
| 1945 | Capitulation du Japon |
| 1945-1949 | Guerre civile entre nationalistes et communistes |

### LA RÉPUBLIQUE POPULAIRE DE CHINE DEPUIS 1949

| | |
|---|---|
| 1er OCT. 1949 | Proclamation de la République populaire de Chine par Mao Zedong place Tian'anmen |
| 1950-1953 | Guerre de Corée |
| 1956-1957 | Campagne des Cent Fleurs |
| 1958-1961 | Grand Bond en avant • Famine |
| 1959 | Répression du soulèvement de Lhassa • Fuite du dalaï-lama |
| 1960 | Rupture sino-soviétique |
| 1962 | Conflit sino-indien |
| 1964 | Premier essai nucléaire |
| 1966-1976 | Révolution culturelle |
| 1967-1968 | Chaos social et politique, guerre civile, puis répression contre les gardes rouges |
| 1969 | Incidents sino-soviétiques sur l'Oussouri |
| 1971 | Accession de la République populaire à l'Organisation des Nations unies • Mort de Lin Biao |
| 1972 | Voyage de Nixon à Pékin |
| 1976 | Mort en janvier de Zhou Enlai • Mort de Mao Zedong en septembre • Arrestation de la « Bande des Quatre » |

## PÉRIODE DES RÉFORMES ET DE L'OUVERTURE DEPUIS 1978

| | |
|---|---|
| 1978 | Arrivée au pouvoir de Deng Xiaoping • Lancement des « réformes et de l'ouverture » • Début de la décollectivisation des terres agricoles • Fin des mouvements de masse • Reconnaissance par les États-Unis de la République populaire de Chine |
| 1979 | Mouvement démocratique du printemps de Pékin • Incursion militaire chinoise au Viêtnam • Autorisation des investissements directs étrangers |
| 1980 | Hu Yaobang devient secrétaire général du Parti communiste • Création de quatre zones économiques spéciales |
| 1980-1981 | Procès de la « Bande des Quatre » |
| 1982 | Promulgation d'une nouvelle Constitution |
| 1983 | Découverte à Canton de la tombe de Nan Zhao, roi du Nan Yue au IIe siècle av. J.-C. |
| 1984 | Lancement de la réforme économique urbaine • Ouverture de quatorze villes côtières • Reprise des relations sino-soviétiques • Signature de l'accord sino-britannique en vue de la rétrocession de Hong Kong en 1997 |
| 1985 | Ouverture de trois deltas |
| 1986 | Découverte d'une civilisation du bronze au Sichuan |
| 1987 | Chute de Hu Yaobang, remplacé par Zhao Ziyang • Reprise des échanges et de contacts indirects avec Taiwan |
| 1987-1988 | Troubles au Tibet |
| 1988 | Création de la Zone économique spéciale de Hainan • Ouverture des péninsules du Shandong et du Liaodong, et de toutes les villes côtières |
| 1989 | Mouvement étudiant et répression de Tian'anmen le 4 juin • Jiang Zemin remplace Zhao Ziyang au poste de secrétaire général du Parti communiste |

## PÉRIODE CONTEMPORAINE DEPUIS 1990

| | |
|---|---|
| 1990 | Création de la Nouvelle Zone de Pudong à Shanghai |
| 1992 | Relance en janvier-février des réformes par Deng Xiaoping • Définition en décembre d'une « économie socialiste de marché » • Ouverture des ports fluviaux, ainsi que des capitales provinciales et de certaines villes le long des frontières terrestres • Décision de construire le barrage des Trois Gorges |
| 1993 | Jiang Zemin devient président de la République |
| 1994 | Convertibilité partielle du yuan • Nouveau taux de change • Réforme fiscale redistribuant les impôts entre gouvernement central et pouvoirs locaux |
| 1995-1996 | Tirs de missiles continentaux sur Taiwan à la suite du voyage du président Lee Teng-hui aux États-Unis et avant sa réélection au suffrage universel |
| 1997 | Mort de Deng Xiaoping • Rétrocession de Hong Kong |
| 1998 | Inondations catastrophiques dans la vallée du Yangzi et au Nord-Est |
| 1999 | Rétrocession de Macao |
| 2000 | Lancement d'une politique de développement de l'Ouest chinois |
| 2001 | Entrée dans l'Organisation mondiale du commerce |
| 2002 | Inscription de la théorie des « trois représentations » (forces productives, monde culturel moderne, peuple) dans les statuts du Parti communiste • Hu Jintao devient secrétaire général du Parti communiste |
| 2003 | Hu Jintao devient président de la République • Mise en service du barrage des Trois Gorges et montée des eaux dans le réservoir en amont • Premier homme chinois dans l'espace |
| 2004 | Hu Jintao devient président de la Commission militaire centrale |
| 2005 | Loi anti-sécession concernant Taiwan • Conflits commerciaux sur les textiles avec les États-Unis et l'Union européenne • Manifestations antijaponaises • Taux de change du yuan fixé par rapport à un panier de monnaies (dollar, euro, yen) |

## INDICATIONS BIBLIOGRAPHIQUES

Allès Élisabeth, *Musulmans de Chine. Une anthropologie des Hui du Henan*, Paris, EHESS, 2000.

Alleton Viviane, *L'Écriture chinoise*, Paris, PUF, 2002.

Balme Stéphanie, *Entre soi. L'élite du pouvoir dans la Chine contemporaine*, Paris, Fayard, 2004.

Béja Jean-Philippe, *À la recherche d'une ombre chinoise. Le mouvement pour la démocratie en Chine, 1919-2004*, Paris, Seuil, 2004.

Bergère Marie-Claire, *Histoire de Shanghai*, Paris, Fayard, 2002.

Brisset Jean-Vincent, *La Chine, une puissance encerclée ?*, Paris, IRIS, 2002.

Cabestan Jean-Pierre et Benoît Vermander, *La Chine en quête de ses frontières. La confrontation Chine-Taiwan*, Paris, Presses de Sciences-Po, 2005.

Cabrillac Bruno, *Économie de la Chine*, Paris, PUF, 2003.

Chaigne Christine, Paix Catherine et Chantal Zheng (dir.), *Taiwan. Enquête sur une identité*, Paris, Karthala, 2000.

Chen Yan, *L'Éveil de la Chine. Les bouleversements intellectuels après Mao, 1976-2002*, Paris, L'Aube, 2003.

Cheng Anne, *Histoire de la pensée chinoise*, Paris, Seuil, 2002.

Domenach Jean-Luc, *Où va la Chine ?*, Paris, Fayard, 2002.

Doulet Jean-François et Mathieu Flonneau, *Paris-Pékin. Civiliser l'automobile*, Paris, Descartes et Cie, 2003.

Fabre Guilhem, *Chine. Crises et mutation*, Paris, L'Harmattan, 2002.

Ged Françoise, *Shanghai*, Paris, Institut français d'architecture, 2000.

Gernet Jacques, *Le Monde chinois*, Paris, Pocket, 2006.

Gipouloux François, *La Chine au XXI^e^ siècle. Une nouvelle superpuissance ?*, Paris, Armand Colin, 2005.

Goossaert Vincent, *Dans les temples de Chine. Histoire des cultes, vie des communautés*, Paris, Albin Michel, 2000.

Lemoine Françoise, *L'Économie chinoise*, Paris, La Découverte, 2006.

Ma Mung Emmanuel, *La Diaspora chinoise. Géographie d'une migration*, Paris, Ophrys, 2000.

Obringer Frédéric, *Fengshui, l'art d'habiter la terre. Une poétique de l'espace et du temps*, Arles, Philippe Picquier, 2001.

Palmer David A., *La Fièvre du qigong. Guérison, religion et politique en Chine, 1949-1999*, Paris, EHESS, 2005.

Roux Alain, *La Chine au XX^e siècle*, Paris, Armand Colin, 2006.

Sanjuan Thierry (dir.), « Les marges culturelles du territoire chinois », *Géographie et cultures*, n° 34, 2000.

Sanjuan Thierry (dir.), *Les Grands Hôtels en Asie. Modernité, dynamiques urbaines et sociabilité*, Paris, Publications de la Sorbonne, 2003.

Sanjuan Thierry (dir.), *Le Dictionnaire de la Chine contemporaine*, Armand Colin, 2006.

Sanjuan Thierry (dir.), « Chine, nouveaux enjeux géopolitiques », *Hérodote*, n° 125, 2007.

Thireau Isabelle et Hansheng Wang (dir.), *Disputes au village chinois. Formes du juste et recompositions locales des espaces normatifs*, Paris, Maison des sciences de l'homme, 2001.

Thireau Isabelle (dir.), « Le retour du marchand dans la Chine rurale », *Études rurales*, n° 161-162, 2002.

Zhang Liang, *La Naissance du concept de patrimoine en Chine (XIX^e-XX^e siècles)*, Paris, Recherches-Ipraus, 2003.

Zhang Liang *et al.*, *Les Archives de Tian' anmen*, Paris, Éditions du Félin, 2004.

### SITES INTERNET

Actualités en géopolitique et en géographie urbaine sur la Chine, Paris : www.geochina.fr/
Antenne Pékin, Pékin : www.antenne-pekin.com/
Asia Centre, Paris : www.centreasia.org/
Centre d'études et de recherches internationales, Paris : www.ceri-sciencespo.com/
Centre d'études français sur la Chine, Hong Kong : www.cefc.com.hk/
Centre d'études prospectives et d'informations internationales, Paris : www.cepii.fr/
Centre d'études sur la Chine moderne et contemporaine, Paris : cecmc.ehess.fr/
Chine Arte, Paris : www.arte-tv.com/fr/histoire-societe/archives/Chine/490206.html
Institut français de relations internationales, Paris : www.ifri.org/frontDispatcher/
Internet Guide for China Studies, Heidelberg : sun.sino.uni-heidelberg.de/igcs/
Universities Service Center for China Studies, Hong Kong : http://www.usc.cuhk.edu.hk/uscen.asp/

# INDEX


« Un pays, deux systèmes » ..... 54-55, 62-63
Semaine en or ..... 32-33
Administration territoriale ..... 10-11, 16-17, 20-21
Agriculture ..... 14-15, 38-39, 42-43, 62-63
Alimentation ..... 22-23
Aménagement du territoire, urbanisme ..... 10-11, 14-15, 22-23, 34-35, 40-41, 42-43, 44-45, 46-47, 48-49, 50-51, 52-53, 58-59
Armée ..... 18-19, 30-31, 60-61, 70-71
ASEAN ..... 64-65, 68-69
Barrage des Trois Gorges ..... 14-15, 34-35, 44-45
Bouddhisme ..... 8-9, 16-17, 60-61
Camps de travail, prison ..... 30-31
Canton ..... 10-11, 34-35, 54-55
Chengdu ..... 48-49, 60-61
Chômage ..... 20-21, 22-23
Christianisme ..... 16-17
Cité de l'Électricité (Pékin) ..... 22-23
Cité interdite ..... 12-13, 50-51
Comité de résidents ..... 30-31
Commerce (importation, exportation) ..... 34-35, 36-37, 42-43, 54-55,64-65, 66-67, 74-75
Concessions étrangères ..... 8-9, 48-49, 52-53
Confucianisme, Confucius ..... 8-9, 16-17
Conquête spatiale ..... 68-69
Corée du Nord (question nord-coréenne) ..... 68-69, 74-75
Corruption ..... 28-29
Criminalité ..... 28-29
Décollectivisation des terres ..... 42-43
Déforestation ..... 44-45
Delta de la rivière des Perles ..... 34-35, 38-39, 64-65
Démographie ..... 20-21, 26-27, 38-39, 52-53
Deng Xiaoping ..... 18-19, 24-25, 34-35, 62-63, 70-71
Densité de population ..... 20-21, 38-39
Développement ..... 14-15, 34-35, 36-37, 38-39, 40-41, 44-45, 52-53, 58-59, 68-69
Dongtan ..... 44-45
Drogue ..... 26-27, 28-29
Dynasties impériales ..... 8-9, 10-11, 12-13, 14-15, 20-21, 38-39, 40-41, 48-49, 56-57, 62-63, 72-73
Eau (hydrique, hydraulique) ..... 14-15, 44-45
Écoles de pensées chinoises ..... 16-17
Écologie et environnement ..... 14-15, 44-45
Économie ..... 16-17, 18-19, 28-29, 34-35, 36-37, 40-41, 52-53, 54-55, 64-65
Émigration, diaspora ..... 34-35, 72-73
Empire ..... 8-9, 10-11, 12-13, 16-17, 50-51, 54-55
Énergie(s) (consommation, ressources) ..... 66-67
Enseignement, école, étudiants ..... 24-25, 28-29, 60-61, 72-73
Entreprises d'État ..... 10-11,18-19, 26-27, 34-35, 36-37
Espaces publics ..... 46-47, 48-49
Exposition universelle de Shanghai ..... 46-47, 52-53
Falungong ..... 30-31
Festivités ..... 32-33
Frontières, règlements frontaliers ..... 12-13, 34-35, 42-43, 56-57, 68-69, 70-71
Fujian ..... 28-29, 34-35, 36-37, 38-39, 62-63, 64-65, 72-73
Grand Bond en avant ..... 18-19, 20-21, 44-45, 50-51
Grande distribution ..... 34-35, 66-67
Grande Muraille ..... 8-9, 12-13, 50-51, 58-59
Guangdong ..... 14-15, 28-29, 34-35, 36-37, 38-39
Guerre de Corée ..... 74-75
Guerres de l'Opium ..... 8-9
Han ..... 8-9, 12-13, 38-39, 40-41, 48-49, 56-57, 58-59, 60-61
Hong Kong ..... 8-9,10-11, 28-29, 48-49, 52-53, 54-55, 64-65, 72-73
Implantations étrangères ..... 8-9, 54-55
Industrialisation ..... 38-39, 44-45, 66-67
Industrie automobile, transports ..... 38-39, 44-45, 46-47
Investissements étrangers ..... 34-35, 40-41, 52-53
Islam ..... 16-17, 58-59
Jeunes ..... 18-19, 20-21, 24-25, 28-29, 32-33, 54-55, 60-61
Jeux olympiques de Pékin ..... 10-11, 28-29, 46-47, 50-51
Judaïsme ..... 16-17
Libéralisation ..... 42-43
Lien social ..... 12-13, 48-49
Lieux sacrés, pèlerinage ..... 16-17
Lilong ..... 52-53
Logement et habitat ..... 12-13, 22-23, 46-47, 48-49, 50-21, 52-53, 56-57
Loisirs ..... 32-33, 42-43
Macao ..... 8-9, 10-11, 72-73
Maison de thé (Chengdu) ..... 48-49
Maladies, épidémies (SRAS, grippe aviaire, sida) ..... 26-27
Mao Zedong ..... 18-19, 42-43, 50-51, 70-71
Maoïsme ..... 18-19, 30-31, 42-43, 70-71
Mégalopole ..... 38-39
Ming ..... 10-11, 12-13, 48-49, 62-63
Minorités ..... 10-11, 40-41, 56-57, 58-59
Modernité, modernisation ..... 10-11, 18-19, 22-23, 24-25, 40-41, 44-45, 46-47, 52-53, 62-63, 70-71
Municipalité ..... 10-11, 20-21, 34-35, 48-49, 50-51, 52-53
Nei ..... 12-13
Nouvelles technologies ..... 24-25, 30-31, 50-51, 62-63
Nucléaire ..... 68-69
Obésité ..... 22-23
OMC ..... 34-35, 36-37, 42-43
Organisation de coopération de Shanghai ..... 68-69
Parti communiste ..... 10-11, 16-17, 18-19, 28-29, 34-35, 40-41, 48-49, 50-51, 56-57, 62-63, 70-71
Pékin ..... 14-15, 18-19, 22-23, 30-31, 34-35, 36-37, 44-45, 46-47, 50-51, 54-55
Pétrole, groupes pétroliers ..... 66-67
PIB ..... 40-41, 64-65
Politique des naissances, politique de l'enfant unique ..... 18-19, 20-21
Pollution ..... 14-15, 44-45
Pouvoir central ..... 10-11, 14-15, 28-29
Précarité ..... 28-29
Protestantisme ..... 16-17
Pudong (Shanghai) ..... 46-47, 48-49, 52-53
Qinghai ..... 36-37, 60-61
Quatre modernisations ..... 18-19, 34-35
Recherche et développement ..... 24-25
Religion ..... 8-9, 16-17, 60-61
Répression, censure ..... 16-17, 30-31, 54-55, 56-57, 60-61, 70-71
Ressources naturelles ..... 34-35, 44-45, 56-57, 58-59, 66-67
Révolution culturelle ..... 16-17, 18-19, 20-21, 24-25, 50-51, 60-61
Santé, médecins ..... 26-27
Shanghai ..... 14-15, 18-19, 34-35, 36-37, 46-47, 48-49, 52-53, 68-69
Singapour ..... 16-17, 52-53
Sociétés secrètes ..... 28-29
Taiwan ..... 28-29, 62-63, 64-65, 70-71, 72-73, 74-75
Tang ..... 8-9, 14-15, 56-57
Taoïsme ..... 8-9, 16-17
Tian'anmen ..... 30-31, 48-49, 54-55
Tianjin ..... 8-9, 14-15, 34-35, 36-37
Tibet ..... 16-17, 30-31, 36-37, 56-57, 60-61
Tourisme ..... 32-33, 48-49, 50-51
Travail, congés ..... 22-23, 32-33, 52-53, 64-65
Triangle d'or ..... 28-29
Unité de travail ..... 10-11,18-19, 22-23, 26-27
Vieillissement ..... 20-21
Ville, métropole ..... 10-11, 26-27, 34-35, 42-43, 44-45, 46-47, 48-49, 50-51, 52-53, 54-55, 60-61
Wai ..... 12-13
Xin Tiandi (Shanghai) ..... 48-49
Xinjiang ..... 34-35, 36-37, 56-57, 58-59
Yangzi ..... 8-9, 14-15, 34-35, 36-37, 38-39, 44-45, 52-53, 60-61
Yin, yang ..... 16-17